广东省社科规划项目
"数字经济赋能粤港澳大湾区培育世界级先进制造业集群对策研究"（GD21CYJ10）
广东技术师范大学人才引进项目
"RCEP框架下中国国际分工地位提升研究"

中国高端制造业国际分工地位提升研究

——基于社会网络分析法

辛　娜　著

中国财经出版传媒集团
中国财政经济出版社

图书在版编目（CIP）数据

中国高端制造业国际分工地位提升研究：基于社会网络分析法/辛娜著． ––北京：中国财政经济出版社，2021.11

ISBN 978 – 7 – 5223 – 0849 – 4

Ⅰ．①中… Ⅱ．①辛… Ⅲ．①制造工业 – 国际分工 – 研究 – 中国 Ⅳ．①F426.4

中国版本图书馆 CIP 数据核字（2021）第 209072 号

责任编辑：闫　娟　　　　　责任校对：张　凡
封面设计：卜建辰　　　　　责任印制：刘春年

中国高端制造业国际分工地位提升研究
ZHONGGUO GAODUAN ZHIZAOYE GUOJI FENGONG DIWEI TISHENG YANJIU

中国财政经济出版社 出版

URL：http：//www.cfeph.cn
E – mail：cfeph@ cfeph.cn

（版权所有　翻印必究）

社址：北京市海淀区阜成路甲 28 号　邮政编码：100142
营销中心电话：010 – 88191522
天猫网店：中国财政经济出版社旗舰店
网址：https：//zgczjjcbs.tmall.com
北京财经印刷厂印刷　各地新华书店经销
成品尺寸：170mm×240mm　16 开　15.25 印张　205 000 字
2021 年 11 月第 1 版　　2021 年 11 月北京第 1 次印刷
定价：75.00 元
ISBN 978 – 7 – 5223 – 0849 – 4
（图书出现印装问题，本社负责调换，电话：010 – 88190548）
本社质量投诉电话：010 – 88190744
打击盗版举报热线：010 – 88191661　QQ：2242791300

前言

追求经济可持续发展一直是各国政界和学界关注的热点问题。经过40年的改革开放，中国经济发展步入后工业化时代，由注重速度增长阶段转向注重高质量发展阶段。后工业时代的显著特点是创新，今后企业发展的源泉主要来源于研发和创新，而研发和创新产出大的行业主要集中在高端制造业领域。因此，党的十九大报告特别提出"促进我国产业迈向全球价值链中高端，培育若干世界级先进制造业集群"作为强国之策，本书以高端制造业发展为研究切入点，正是对我国经济可持续发展路径进行深入探索。

在文献梳理的基础上，发现鲜有文献从网络视角分析中国高端制造业发展问题。根据OECD认定的国际标准行业分类，五类高端制造行业，包括药品、医药化学剂和植物药材制造；办公室、会计和计算机机械制造；无线电、电视和通信设备与装置制造；医疗器械、精密仪器和光学仪器制造；飞机和航天器制造。本书运用社会网络分析法，借助WIOD数据库测度出来的全球贸易网络中心地位，并以中国工业企业数据库测算出来的技术升级（运用LP法测算全要素生产率和新产品产值占比）代表高端制造业升级的指标，对中国的高端制造业发展状况进行分析。首先，基于UNCOMTRADE传统海关数据和WIOD增加值贸易数据运用社会网络分析法测度全球高端制造业整体网络特征和个体网络特征，并分析了两组数据得出结果的差异，发现中国在全球贸易网络的中间中心度和接近中心度排名并不靠前。其次，为了剖析以上问题，从WIOD数据库、世界银行WDI数据库和CEPII数据库中提取数据，考察深度参与全球价值链分工后能否提升全球高端制造业贸易中心地位，研究发现全球价值链嵌入与全球高端制造业贸易网络中心地位呈倒U型关系。接着，提出"全球—国家价值链"发展新模式，借助中国工业企业数据库和中国投入产出表,运用双重差分和建立递归方程组的方法,验证了全球—地方网络双重嵌入下中国高端制造企业技术升级的传导机制。最后,基于 WIOD 数据库、世界银行 WDI、CEPII 和全球政治治理指标网络数据库,进一步考察制度因素对中国高端制造业全球贸易网络中心地位的影响。通过以上实证分析得出以下结论:

第一,从国际分工真实利益来看,全球高端制造业网络中心地位仍保持以德国与美国为主,其他国家处于网络边缘位置的局面。采用传统数据测度的结果表明高端制造业贸易网络联系紧密并保持良好的互通性,贸易活动频繁,但采用增加值贸易数据测度的结果显示,大部分国际分工的真实利益集中于少数国家。虽然我国在网络贸易规模上处于世界第一位,但网络贸易核心资源与自由度表现却不尽如人意,在整个网络中还是具有较强的依赖性,自由性不强,行为受其他节点的限制,还未成为全球高端制造业网络的"织网者"。

第二,中国的全球价值链嵌入程度越深,越不利于掌控网络核心资源。采用增加值贸易数据测度全球价值链嵌入程度与全球高端制造业网络中心性,并对两者进行了因果识别,发现中国参与全球价值链总体上有利于提高全球高端制造业网络中心地位,但全球价值链嵌入与全球高端制造业网络贸易规模和自由度呈倒 U 型关系,因此,全球价值链高嵌入会降低一国在全球高端制造业网络中控制核心资源的能力,与网络控制能力呈负向关系。处于后工业时代发展阶段的中国应削弱以"出口导向"为主的对外贸易政策,提倡"适度"对外贸易政策并建立"全球—国家价值链"为主的新型产业模式。

第三,全球—地方网络的双重嵌入促进了中国高端制造企业的技术升级。基于中国工业企业数据库和中国投入产出表,采用双重差分法和递归方程组方式,运用中国在加入世贸后取消非关税壁垒的政策冲击,探索了贸易自由化,促进了扩展边际上更多的企业参与高端制造,形成区域产业集聚,吸引了服务生产要素流入,提高了制造业服务化率,进而提升了集约边际上创新企业的 R&D 投入力度,扩大了企业产品创新和过程创新，最终促成产业升级。此外，进一步分企业性质分析发现，非国有企业比国有企业对生产服务化投入更大，应减少扶持国有企业的力度，让非国有企业与国有企业具有公平市场竞争环境。分区域异质性分析发现，不同区域由于经济发展水平、资源禀赋和地方政府的规制程度存在较大的差异，其传导机制也存在异质性，不同区域应因地制宜地发展高端制造业。

第四，中国与他国的制度距离越小，越有利于提升中国高端制造业全球贸易网络中心地位。基于WIOD数据库、世界银行WDI数据库和CEPII数据库，在构建模型基础上考察制度距离与中国高端制造业全球贸易网络地位的关系，同时，加入了经济距离、文化距离和地理距离作为模型的控制变量，研究发现中国与他国的政治制度距离差距越小，越能促进中国与他国直接建立贸易交往，提高中国的中间产品出口额，增强中国在他国的贸易增加值，从而提升全球贸易网络地位。因此，提升国家的制度质量建设，有利于提升中国高端制造业在全球贸易网络中心地位。

要提升中国高端制造业在全球贸易网络的地位，促进中国经济可持续性发展的路径选择和政策建议如下：

第一，提升中国在全球高端制造业贸易网络的控制力和制度质量。影响中国高端制造业在全球贸易网络发展因素，既有内在因素，也有外在因素。我们认为，外在因素对中国高端制造业发展同样重要。目前中国在全球高端制造业网络的贸易规模虽然很大，但在网络中控制贸易资源能力较弱，大而不强的现象倒逼中国高端制造业提升贸易网络。为顺利推进中国高端制造业在全球贸易网络中的地位攀升，需要有一系列的制度保障。因而，推进政治制度质量建设，为中国与他国直接建立高端制造业领域的经贸合作提供保障，促进中国高端制造业在全球贸易网络中心地位的提升。

第二，培育世界级高端制造业集群。由"全球价值链"向"全球—国家价值链"相结合的产业发展模式转变，开放经济有利于形成市场竞争机制，推动企业为降低成本而形成地方网络集群的生产模式，加强企业间上下游的关联。集群吸引了更多的服务要素流入，形成了地方网络较高的制造业服务化率，从而推进了企业技术升级。贯彻落实"促进我国产业迈向全球价值链中高端，培育若干世界级高端制造业集群"的政策，有利于我国产业价值链的中高端攀升，强化我国对全球价值链上游位置的嵌入。

第三，树立和强化企业自主创新意识。我国高端制造业升级是逐渐从价值链低端向价值链高端、产业链非核心位置向核心位置发展的过程，是嵌入在网络演化过程不断上升的过程。自主创新是中国高端制造业全球贸易网络地位升级的核心要素，企业要想在优胜劣汰的丛林竞争环境中生存和发展，就应不断增强自主创新意识和能力，提升企业的国际竞争力。

第四，优化营商环境，为企业创新能力提升创造更好的政策条件，不断激发企业的创新动力并保护创新成果，提高科技成果转化率，从而提升企业的创新能力，提高创新产出水平，促进高端制造业核心技术升级。

目录

第1章 绪 论 /1
 1.1 研究背景和问题提出 /3
 1.2 研究意义与目的 /13
 1.3 概念界定 /16
 1.4 研究思路与方法 /24
 1.5 技术路线与研究内容 /26
 1.6 可能创新之处 /29

第2章 文献梳理与评述 /31
 2.1 全球贸易的网络分析 /33
 2.2 产业升级相关研究 /40
 2.3 网络嵌入与技术升级 /45
 2.4 文献评述 /50

第3章 理论分析与研究假设 /53
 3.1 社会网络中心性理论 /55
 3.2 新经济地理理论分析 /60
 3.3 网络地位升级理论分析 /73
 3.4 小结 /79

第4章 中国高端制造业全球贸易网络特征和地位测度 /81
 4.1 高端制造业网络模型与指标说明 /83
 4.2 传统贸易数据测度 /87

4.3 增加值贸易数据测度　　/96

4.4 小结　　/105

第5章　全球价值链嵌入对全球高端制造业贸易网络中心地位的影响　　/109

5.1 引言　　/111

5.2 模型构建和变量说明　　/112

5.3 实证结果分析　　/116

5.4 小结　　/123

第6章　全球—地方网络双重嵌入对中国高端制造企业技术升级的传导机制　　/127

6.1 引言　　/129

6.2 经验识别方法　　/130

6.3 经验分析结果　　/139

6.4 进一步微观实证分析　　/145

6.5 小结　　/152

第7章　中国高端制造业全球贸易网络地位的影响因素　　/155

7.1 影响因素QAP分析　　/157

7.2 制度距离对中国高端制造业贸易网络地位升级的影响　　/165

7.3 小结　　/173

第8章　研究结论与启示、路径探索与政策建议、研究展望　　/175

8.1 研究结论与启示　　/177

8.2 国外先进制造业集群的国际经验 /182
8.3 打造全球—地方网络互动产业模式的路径探索 /185
8.4 中国高端制造业发展的政策建议 /190
8.5 研究展望 /195

附　　录 /197
参考文献 /211
后　　记 /231

第 1 章

绪 论

1.1 研究背景和问题提出

国际分工体系由产业间和产品间转向产品内部工序分工的新模式，促使全球形成以中间产品为主的网络生产与贸易布局。当前，新一轮科技革命与贸易冲突正重塑世界制造业竞争格局，主要体现在代表一国综合实力的高端制造业竞争领域，冲突的本质就是利益的分配和权力的争夺。因此，新经济形势下中国制造业如何立足本国市场，构建适应当前全球经济新变化、制造业格局发展新趋势的新型高端制造业的问题既有时代感又有紧迫感。作为后发国家的中国能否在新一轮产业布局中获取更多的话语权，提高产业链、价值链的掌控力，将成为中国亟待解决的问题。

第一，全球产业格局重塑，国际贸易规则重构。近年来，全球经济低迷、复苏乏力，发达国家纷纷掀起了再工业化浪潮，全球制造业发展呈现出"全球化"和"逆全球化"、"再工业化"与"去工业化"的显著特征，两股力量相互冲突博弈，全球制造业的地域网络分布和竞争网络格局正发生巨大的改变。一方面，发达国家高端制造业回流使全球经济竞争仍以制造业为中心，制定重振制造业战略成为各国经济发展主要任务。2012年，美国领先制定"美国先进制造业国家战略计划"，随后德国提出"工业4.0"，日本组建"科技工业联盟"，英国部署"工业2050战略"。可见，发展制造业，特别是高端制造业已成为众多发达国家重点关注的问题。而中国为了加快制造大国向制造强国的步伐，也在2015年全面推出制造业顶层设计"中国制造2025"。十九大报告中也特别提出"发展先进制造业，促进中国产业迈向全球价值链中高端，促进产业升级，培育若干世界级先进制造业集群"。这一全新的战略部署为中国产业未来发展指明了方向。另一方面，中低收入国家依靠劳动力资源比较丰富的特点，开始在中低端制造业进行争夺。中国失去劳动力资源优势，很多在中国的跨国公司已把工厂转移到其他发展中国家，像三星、富士康等外资企业已分别在东南亚其他发展中国家设立新厂。全球贸易规则重构与全球贸易保护主义抬头相交织的环境下，中国将面临新的挑战。一是全球贸易规则处于重构过程，美国想把"美国优先"原则强加给 WTO，退出 TPP 并不断对 WTO 规则进行指责，同时不断挑起贸易冲突，以此推倒 WTO 协议，重建以美国利益为核心的国际贸易新规则。二是国际贸易保护主义不断强化。近年来，中国成为贸易救济调查最多的国家，严重影响中国的出口贸易。作为后发国家也不断遭受来自发达国家的贸易冲突。全球掀起一系列贸易战，在 2018 年 4 月 3 日美国发布了"301 调查"结果，建议征收 1300 个围绕高科技制造业领域的中国产品关税清单，对清单上中国产品加收 25% 关税。2018 年 7 月 6 日凌晨，中美贸易战宣布开战，美方拟对 2000 亿美元中国产品征税。

第二，中国与制造强国的高端制造业水平差距仍然明显。根据经合组织数据，如图 1.1 所示，我国与一些国家的高端制造业相比，出口总值中的国内增加值较低，而出口增加值往往代表企业所处产业价值链的位置。由此可见，我国在垂直分工体系中全球价值链的地位仍处于中端水平。我国出口产品国内增加值不仅低于制造业成熟的发达国家美国、日本，而且还低于印度、印度尼西亚等新兴国家。

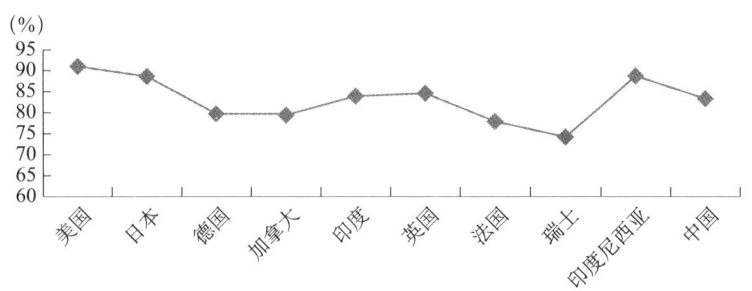

图 1.1　2016 年部分国家出口总值中国内增加值占比

数据来源：根据经济合作与发展组织数据库整理。

加入WTO后，中国的高端制造业无论从规模、质量还是效益上都呈现稳定上升的发展态势。但从工业增加值来看，并将中国高端制造业产品放入国际市场比较，不难发现中国高端制造业与发达国家之间差距还是比较大。

中国制造业长期处于价值链的中低端，造成质量效益不高，产业结构不优等问题。（1）高端领域的发动机。由于高端领域的发动机的材料要求高、结构复杂，虽然中国在高端领域发动机投入大量的研发资金，但效果仍然不佳，加上国内缺乏相应的科研人员，目前中国高端领域的发动机80%以上仍然依靠国外进口，像国产飞机C919型的发动机同样来自国外；近些年，中国汽车行业在国际市场地位有所提升，但高端车型的发动机同样也受制于人；令国外叹为观止的中国高铁也有零配件高度依赖进口，像高铁齿轮传动箱和制动装置等。（2）高档数控机床。国产高档数控机床在精度和速度上与国际前沿水平还相差很远，国内重要数控机床近1/3来自国外，国产数控机床仍以中低端为主。（3）高端医疗器械。国产高端医疗器械面临的主要问题是核心技术的缺乏，导致核心技术和材料长期被国外公司垄断，国产医疗设备的核心部件仍然依靠进口。《2017年中国CT设备市场研究报告》指出，中国的CT设备有76%来自国外。（4）芯片。虽然中国近些年在集成电路上有跨越式的发展，但在高性能通用芯片方面水平还是较弱，国外一直垄断着智能终端芯片和操作系统。这一问题造成了2018年美国制裁中兴事件，2018年中国发布的《经济蓝皮书》显示，目前，中国有80%高端芯片来自国外。并且据2017年美国半导体行业协会（SIA）统计，中国在芯片业的研发总支出只有美国英特尔公司研发支出的1/4，这一数据表明中国与发达国家科研投入还有很大的差距。（5）仪器仪表。中国仪器仪表生产以中小企业为主，在研发上投入不多，导致中国仪器仪表行业创新薄弱，难有核心技术。中国仪器仪表行业协会数据统计显示，虽然中国国产仪器仪表产品数量在逐年增加，但高技术的核磁共振仪、磁共振成像仪、高分辨质谱分析仪、冷冻透射电镜和超分辨荧光成像仪等仍然大量依靠进口。

第三,中国高端制造业在全球贸易网络分工不具优势。全球生产网络分工体系中以制造强国为主导,各国根据资源禀赋建立跨国公司,与当地供应商在生产网络中进行知识交流和资源整合,形成网状的分工协作系统,主导企业制定行业标准,通过网络分工协作,各层级供应商按照主导企业的分工执行协作生产。这种分工体系使主导企业在全球竞争中一直保持核心位置,后发国家制造业由于缺乏创新能力及核心技术失去了赶超的机会。中国虽为制造强国提供高端制造产品的零部件,但生产的零部件为高端制造业的非核心部件,加上高端产业链缺乏本土凝聚力,产业关联和技术溢出效应难以带动高端制造业的发展。由于缺乏完善的国内分工网络体系,加之与国际分工网络融合能力不够,与制造强国相比,中国在全球贸易网络分工体系中缺乏大批高端技术研发和创新的隐形供应商。

中国的制造业规模在2010年达到3万亿美元,首次超过美国成为全球最大的制造业国家,从2010年到现在,我国的制造业规模不断扩大,制造业产值连续多年霸占全球第一。比如2018年我国工业增加值已经超过30万亿人民币(约4.3万亿美元),占世界造业的比重接近30%。

尽管目前我国制造业产值位居全球第一,但是我们必须清楚地认识到,其中大部分都是中低端制造业。在过去的几年时间里,中国已经踏上了由低成本产品到高端产品的升级之路。然而,由于中国的体量问题,目前不同部门的现代化水平差别显著,部分优秀制造商与低端制造商之间的差异更是惊人,因而拉低了整个国家准备程度。其实目前我国高端造业的产值并不低,2018年高端制造业的产值约为8.5万亿元人民币,占工业增加值的比例约为28%,乍一看还是挺不错的。而且事实确实也不错,目前我国在很多高端制造业的制造水平已经达到了世界先进的水平,这点不可否认。但我国在高端制造业的核心技术,以及高精尖技术上仍然跟先进国家有较大差距,目前很多高端制造业的核心部件都需要进口(大部分与负荷、速度、精度、腐蚀等因素有关的都依赖进口），比如发动机，芯片（处理器，DRAM，闪存，基带芯片，功率放大器，数模转换，射频器件等等），光刻机（主要是高端光刻机），精密仪表（目前我国实验室使用的高端科研仪器，以及80%的CT高档监视仪、85%的检验仪器、90%的超声波仪器、磁共振设备、心电图机基本都是国外品牌），数控机床（其中高档数控机床70%—80%都依赖进口），汽车自动档变速器、无级变速器专用链条和钢带（95%依赖进口）等，高端设备上的螺栓几乎100%进口。

甚至连我国最引以为傲的一些高端制造产业其实一些关键部分也需要进口。比如目前我国是世界上最大的手机生产国，但是我国却不能生产出高端的手机屏幕，目前高端手机屏幕被韩国的三星、LG以及日本JDI、夏普（鸿海）垄断，目前苹果手机的屏幕都来自日韩，中国的显示面板厂家还没能打入苹果的手机供应链。而另一个让我国骄傲的高铁，其实关键部位也依赖进口，比如高铁齿轮传动箱90%依赖进口，而制动装置100%依赖进口。所以虽然目前我国的高端制造业产值比较高，但是核心的技术很多都依赖进口，因此高端制造业基本上处于大而不强的状态，目前我国高端制造业90%的企业都是进口国外零部件，很多企业不具备自主研发能力。

近些年，我国高端制造业产品的出口数量快速扩张，国内增加值也得到了提升。但从图1.2国内研发支出项目来看，我国研发支出占GDP比重仍然处于较低的水平。虽然我国自2000年以来，逐年不断地加大国内研发投入，增长的速度也较快，但相较于美国、德国、日本，我国的研发支出水平仍然不高。从长远发展战略来看，高端制造业需要高度重视产品的研发设计，依靠研发和创新突破高科技制造领域的瓶颈。

第四，中国智能制造行业发展不断提升，但与发达国家仍存在差距。在我国制造行业逐渐呈现出稳定发展趋势的同时，智能制造行业成为驱动我国制造行业的主要动力之一。国家不断推动智能制造融合发展，加强与其他国家合作，推动制造业与互联网融合发展试点。我国智能制造水平不断提高，其中以汽车制造业智能制造水平发展最为明显。

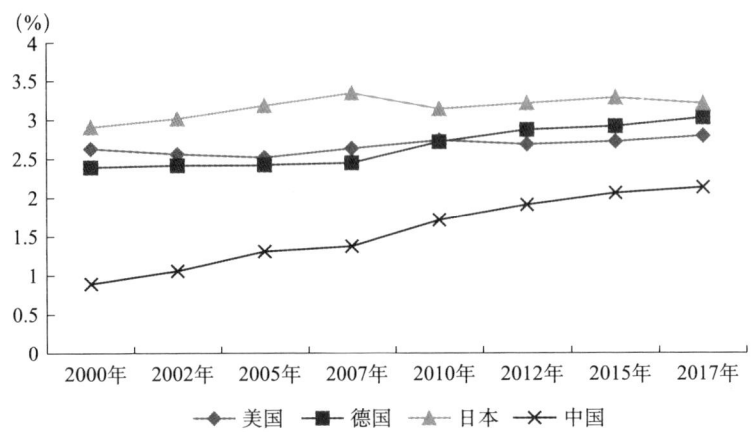

图 1.2　2000—2017 年部分国家的国内研发支出总额占 GDP 比重

数据来源：根据经济合作与发展组织数据库整理。

智能制造的发展离不开智能制造装备的支持，智能制造装备产业链上游核心零部件相关核心技术积累和自主生产能力较弱。以传感器为例，我国传感器产业面临着高端人才较为缺乏、关键技术还未突破、产业结构不合理等问题。工业机器人成为智能制造发展的重要力量，相对于发达国家，我国工业机器人还有较大发展空间。整体而言，智能制造还有很长的路要走。

根据《中国制造 2025》、十九届五中全会提出的新型工业化等政策，我国智能制造对于国家国际竞争力的提高越来越重要。随着国家对智能制造的大力支持，我国智能制造行业保持着较为快速的增长速度（如图 1.3 所示），继 2019 年我国智能制造装备行业的产值规模突破两万亿元后，2020 年初步估计达 2.5 万亿元。

在智能制造领域，近年来发展最受瞩目的莫过于工业机器人，工业机器人作为推动制造业转型升级的重要力量，目前已广泛应用于汽车及汽车零部件制造业、机械加工行业、电子电气行业等领域。2020 年全国规模以上工业企业的工业机器人产量再创新高，累计达 237068 台，同比增长 19.1%（如图 1.4 所示）。

我国工业机器人市场发展较快，约占全球市场份额三分之一，是全

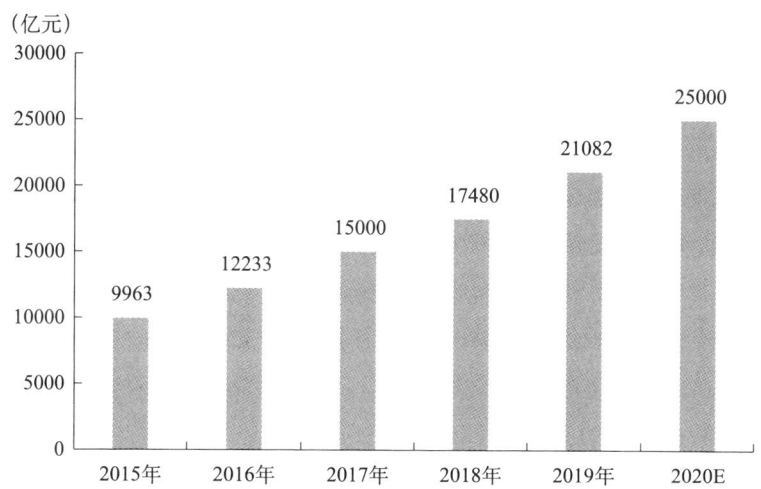

图 1.3　2015—2020 年中国智能制造业产值规模

数据来源：国家统计局。

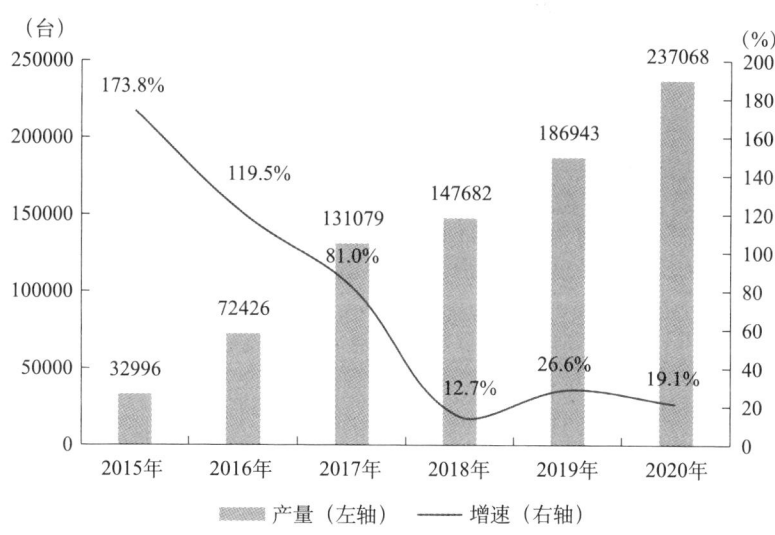

图 1.4　2015—2020 年中国工业机器人产量

数据来源：国家统计局。

球第一大工业机器人应用市场。当前，我国生产制造智能化改造升级的需求日益凸显，工业机器人的市场需求依然旺盛，据 IFR 统计，2019

年我国工业机器人销售额达57.3亿美元,初步估计2020年销售额达到63亿美元(如图1.5所示)。

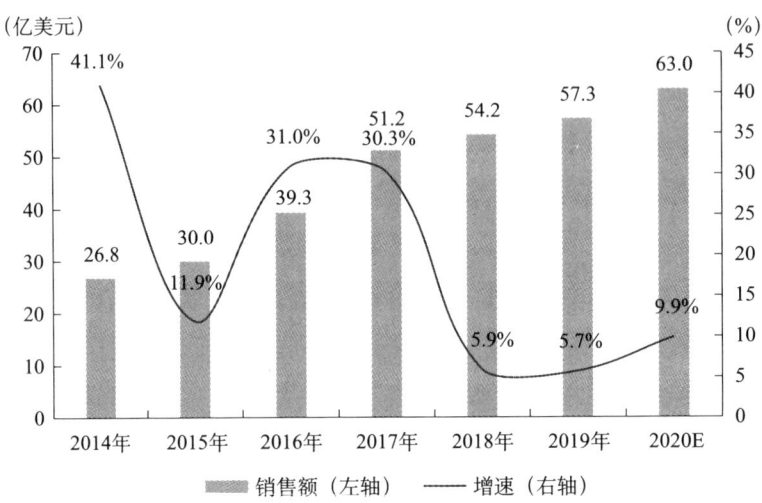

图1.5　2014—2020年中国工业机器人市场规模

数据来源:国家统计局。

但是相对于发达国家,我国工业机器人还有较大发展空间。据IFR披露,截至2019年底,全球平均机器人密度为每万人113台,随着近年来机器人产量的增加,亚洲地区的平均机器人密度增长到了每万人118台,2014—2019年的复合增长率为18%;欧洲地区的平均机器人密度为每万人114台,2014—2019年的复合增长率为6%。

2019年机器人密度最大的是新加坡,为每万人918台,中国为每万人187台,其中香港地区和台湾地区的机器人密度均超过了美国,分别为每万人242台和每万人234台,美国为每万人228台。整体而言,我国工业机器人发展与其他国家相比仍有较大差距(如图1.6所示)。

第五,中国高端制造业的国际地位。目前,我国先进制造业是以环渤海、长三角地区为核心,东北和珠三角为两翼,以四川和陕西地区为

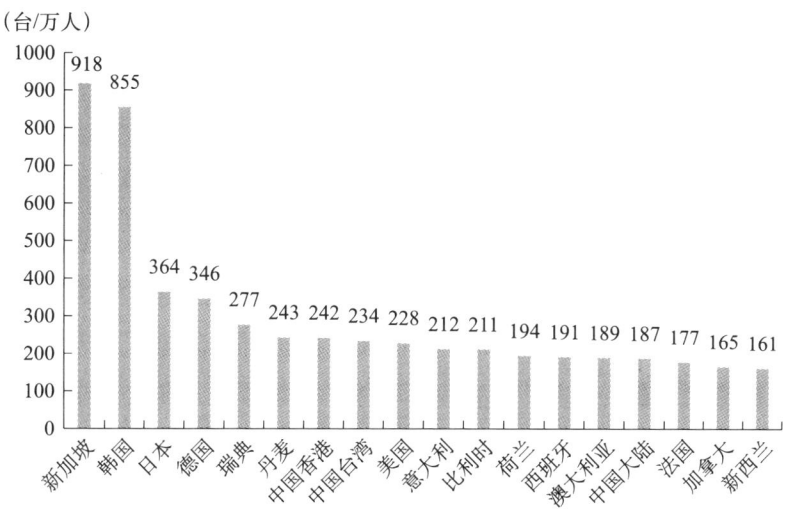

图 1.6　2019 年全球主要国家和地区机器人密度情况

数据来源：前瞻产业研究院整理。

支撑，中部地区快速发展的产业空间格局①。其中环渤海地区包括北京、天津、河北、辽宁和山东等省市。由于具有独特的地域、资源、经济优势，环渤海是国内重要的先进制造业研发、设计和制造基地。其中北京以先进制造业高科技研发为主、天津以航天航空业为主、山东以智能制造装备和海洋工程装备为主、辽宁以智能制造和轨道交通为主。长三角地区以上海为中心，江苏、浙江为两翼，主要在航空、海洋工程、智能制造装备领域比较突出，形成比较完整的研发、设计和制造的产业链。珠三角先进制造业主要集中在广州、深圳、珠海和江门等地，以特种船、轨道交通、航空制造、数控系统技术及机器人技术为主。中部地区主要由湖南、山西、江西和湖北组成，其中航空装备与轨道交通装备产业实力较为突出。西部地区主要由陕西省、四川省和重庆市组成，以川陕为中心，其中轨道交通和航空航天产业比较有特色。

---

① 2018 年赛迪顾问公司股份有限公司根据工信部、科技部、发改委公布《中国高端装备制造产业布局与发展战略》。

经合组织数据表明，如图 1.7 所示，我国与一些国家的先进制造业相比，出口总值中的国内增加值较低，而出口增加值往往代表企业所处产业价值链的位置。由此可见，我国在垂直分工体系中全球价值链的地位仍处于中端水平。我国出口产品国内增加值不仅低于制造业成熟的发达国家美国、英国、日本，而且还低于印度、印度尼西亚等新兴化国家。

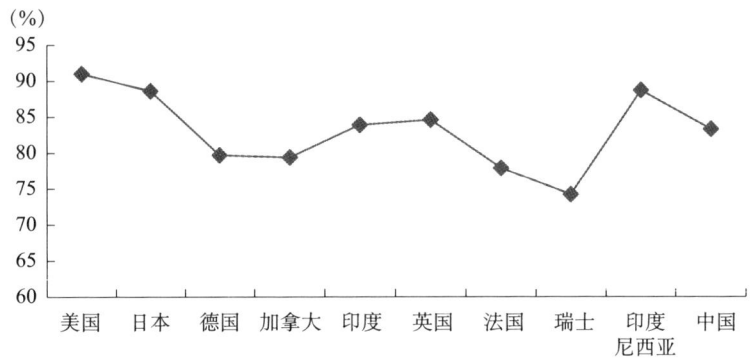

图 1.7　2016 年部分国家出口总值中国内增加值占比

数据来源：OECD 数据库。

近些年，我国先进制造业产品的出口数量快速扩张，国内增加值也得到了提升。但从图 1.8 国内研发支出项目来看，我国研发支出占 GDP 比重仍然处于较低的水平。虽然我国自 2000 年以来，逐年不断地加大国内研发投入，增长的速度也较快，但相较于美国、德国、日本，我国的研发支出水平仍然不高。从长远发展战略来看，先进制造业需要高度重视产品的研发设计，依靠研发和创新突破高科技制造领域的瓶颈。

加入 WTO 后，中国的先进制造业无论从规模、质量还是效益上都呈现稳定的上升发展态势。但从工业增加值来看，不难发现中国与发达国家之间差距仍然较大。改革开放后，我国承接大量劳动密集型的产业转移，这些产业具有低质量、高能耗、高污染的特点，虽然产业的引入为我国带来了管理经验、资本与技术，也促进了我国经济的发展。但跨

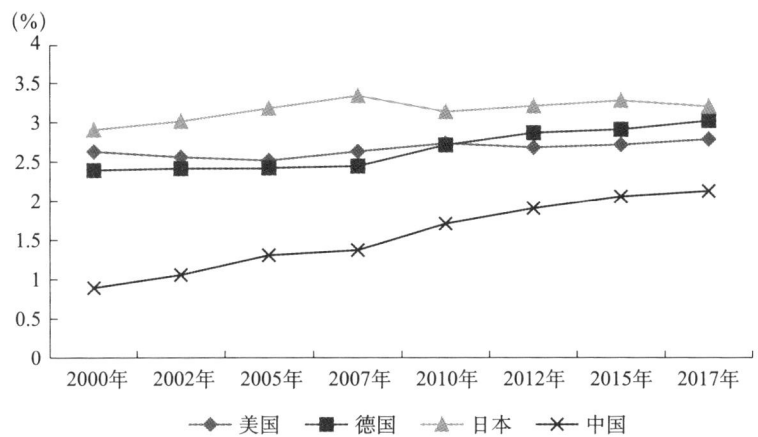

图 1.8 2000—2017 年部分国家的国内研发支出总额占 GDP 比重

数据来源：OECD 数据库。

国公司非常注重核心技术的保护，长期以来我国制造业停滞在价值链"低端锁定"的尴尬位置，很难从产业转移中获取核心技术，更无法带动国内制造业的升级转型。

中国加大参与全球价值链分工和融入全球生产网络的力度，在特定的经济发展背景下，本书试图从贸易网络视角，考察高端制造业的全球贸易网络特征及中国所处的地位，在已有的研究方法中构建一个新的模型框架来分析全球价值链嵌入对全球高端制造业贸易网络地位的影响，为学术界和相关决策部门提供中国参与价值链分工真实利得的经验证据，进一步探索中国高端制造企业在全球—地方网络双重嵌入下技术升级传导机制，为建设具有中国特色的高端制造业提供理论依据与政策启示。

1.2 研究意义与目的

综观国内外相关文献，全球贸易网络对高端制造业的影响研究还是个较新的问题。随着全球产业格局的变迁，高端制造业如何发展已成为世界各国和学术研究的热点。目前，中国处于产业结构转型升级关键时期，高端制造业发展应探求新的生产与商业模式，研究中国高端制造业在全球贸易网络地位与升级，探索高端制造企业的发展策略就显得非常迫切。

1.2.1 研究理论意义

第一，拓展国际分工地位理论的研究边界。以往的国际分工地位主要由出口技术复杂度和全球价值链地位指数来表示，仅从增加值贸易与生产率方面考虑国际分工地位，鲜少采用增加值贸易测度全球高端制造业贸易网络中心地位来代表国际分工的地位，贸易网络中心地位不仅从纵向与横向上分析了经济体在全球贸易网络中网络关系和价值地位，更能从全局视角诠释高端制造业国际分工格局。

第二，在扩展引力模型基础上剖析全球贸易网络地位升级理论机制。根据社会网络中心性理论可知，一国要提升网络地位，必须具有与他国直接贸易交往的能力，并扩大中间产品的出口，增加该国在他国的贸易增加值。因此，在扩展的引力模型基础上，分析制度距离对中国高端制造业全球贸易网络地位升级的影响，加入经济、文化和地理因素作为控制变量，进一步分析制度因素是否通过技术因素对中国高端制造业全球贸易网络地位产生影响。为引力模型的研究扩展了一个新领域，为中国相关决策部门制定政策提供学术界的理论依据。

1.2.2 研究现实意义

第一，为中国高端制造企业发展提供经验证据。考虑到企业异质性，考察企业全球与地方的区位选择，进一步探索中国高端制造企业技术升级的传导机制。运用双重差分法，建立递归方程系统，从动态角度分析中国在取消非关税壁垒政策后，全球—地方网络双重嵌入对技术升级的传导机制，这一问题学者们并未进行过全面、系统的研究。因此希望在有关理论研究的基础上，揭示中国高端制造企业的技术升级传导路径，为推动制造业可持续发展提供经验证据。

第二，为中国高端制造业升级提出发展路径和政策建议。全球面临新一轮科技革命和产业网络格局洗牌，发达国家纷纷制定制造业升级的战略布局，我国政府也于2015年发布了制造强国中长期发展战略规划《中国制造2025》，全面部署推进制造强国战略实施，以加快从制造大国向制造强国转变。试图根据实证分析结果，提出解决中国高端制造业发展路径和政策建议，为中国相关决策部门提供相应的政策建议。

1.2.3 研究目的

第一，根据传统贸易数据与增加值贸易数据测度高端制造业全球贸易网络的特征与地位异同。运用社会网络分析法，通过网络模型分析全球贸易网络的拓扑结构、网络密度与互惠性、网络距离与凝聚力和网络结构洞与中心地位，以此挖掘中国高端制造业在全球贸易网络所处的真实地位。通过测度找出目前中国高端制造业存在的问题。

第二，挖掘深度参与国际分工对中国高端制造业转型升级的影响。通过考察高端制造业的全球价值链嵌入程度对全球贸易网络中心地位的影响，深入剖析参与全球价值链与全球贸易网络中心地位的线性关系和非线性关系，以此验证中国在深度参与全球价值链分工之后，全球贸易网络地位能否得到提升，挖掘出中国高端制造业演化路径中存在的问题。

第三，探索双重网络嵌入对中国高端制造企业技术升级的传导机制。基于中国工业企业数据库，从微观实证角度出发，在加入WTO后逐渐取消非关税壁垒自然实证环境下，通过DID双重差分方法验证全球与地方网络的双重嵌入对中国高端制造企业技术升级的传导机制。通过自然实验环境构建递归模型提出解决中国高端制造业演化路径中问题的理论方法。

第四，考察制度距离对中国高端制造业全球贸易网络地位升级的影响。据社会网络中心性理论可知，一国要提升网络地位，必须具有与他国直接贸易交往的能力，并扩大中间产品的出口，增加该国在他国的单位中间产品增加值。因此，在扩展的引力模型基础上，分析制度距离对中国高端制造业全球贸易网络地位升级的影响，加入经济、文化和地理因素作为控制变量，进一步分析制度因素是否通过技术因素对中国高端制造业全球贸易网络地位升级产生影响。

1.3　概念界定

1.3.1　高端制造业

迄今为止，学术界没有形成统一的高端制造业概念。主要按照经合组织 OECD 对 R&D 投入强度相对较高的制造行业确定高端制造业，主要包括药品、医药化学剂和植物药材制造，办公室、会计和计算机机械制造，无线电、电视和通信设备与装置制造，医疗器械、精密仪器和光学仪器制造，飞机和航天器制造五类行业。

高端制造业是制造业产业链的高端环节，是一国工业发展进入到后工业化阶段的必然产物（周晔，郭春丽，2012）[①]。高端制造业包括高端装备和高端智能部分，其生产方式呈现智能化、服务化、绿色化、组织方式网络化的发展趋势。生产方式智能化是新一轮信息技

---

① 周晔，郭春丽. 我国高端制造业发展研究 [J]. 开发研究，2012 (1)：27-31.

环境下产生智能、数字和网络技术融入产品的研发设计和制造生产的过程。产业链条服务化是制造业和服务业不断融合，制造业服务化已成为高端制造业重要特征之一，其推动企业从以前单一产品提供商转变为整体解决产品问题提供商，产业价值链从单一制造向研发、设计、销售、推广和售后等多环节转移，更加注重产品全部生命周期管理运营。生产过程绿色化是制造业发展与生态资源环境制约的矛盾产生的新兴产业发展趋势，"绿色制造"已成为众多发达国家发展高端制造的战略和理念，以节能环保、新能源和再生材料为核心的新兴产业得到快速发展。组织方式网络化是信息技术普及和互联网的应用推动制造业生产方式发生的重大变革，企业管理模式和组织流程呈现组织扁平化和资源配置全球化的特征，与此同时，互联网金融带来的线上线下众筹、众创、众包等方式汇聚全球创新资源，从而为企业提供生产研发所需的资金和服务。

高端制造业从行业角度来看，相比传统制造业而言，具有更高附加值、更高技术含量和更强市场竞争力；从产业角度来看，高端制造业处于产业价值链高端位置，对产业关联具有更强融合度，能够辐射并带动整个产业链，为其指明发展方向并提供核心技术。其特点体现在高技术含量、高附加值、大资本投入和强产业关联度。其中高技术含量是指高端制造业集成多学科和多领域的高端科技，具有知识与技术密集型行业的特征。高附加值是指高端制造业处于产业价值链的尖端环节，其发展水平决定了整个产业国际水平。相对中低端制造业而言，在整个产业价值链中具有更高价值增值能力。大资本投入是因为高端制造业核心技术研发难度大，需要做好战略规划的基础上投入大量的研发经费，吸引尖端研发人员。同时高端制造在生产过程中的设备、仪器和材料价值都较高，需要投入大量的资本，为发展高端制造业提供保障。强产业关联度是高端制造企业在产业链起到核心作用，能够指导和垄断、控制和带动整个产业链的发展，并能够提升产业链的技术升级和竞争能力。

1.3.2 全球生产网络与全球价值链

(1) 全球生产网络内涵界定

自经济全球化、贸易自由化和投资便利化的发展,以前由一家企业完整独立的生产产品的各个环节,到现在需要通过多个不同企业分工协同生产,共同组成价值链环节的各个部分,从而形成一种纵横交错的网络化生产模式。根据微笑曲线产品研发设计、制造生产、销售服务各环节,不同国家根据自身比较优势占据链上不同位置,从而区分上下游企业价值增值体系的特点。基于价值增值体系,根据国际分工理论的产生与发展,研究者们提出了"价值链 [Value Chain（Porter, 1985）]"→"全球商品链 [（Global Value Chain, GCC（Kaplinsky & Gereffi, 1994）]"→"全球价值链 [Global Value Chain, GVC（Gereffi, 2001）]"→"全球生产网络 [（Global Production Network, GPN（Sturgeon, 2002）]"等名词描述以跨国公司为主的新国际贸易理论体系全球生产网络分割及细分现象。

Ernst 和 Guerrieri（1998）指出世界各个国家或地区跨越价值链不同的阶段,形成了国际生产体系,生产体系不同元素通过生产活动关系形成生产网络,从而提出了国际生产网络的概念。生产网络不仅是产品间的价值链关系,还包括产品内的价值链关系,以及为生产同一产品相互联系的企业间集约关系（Sturgeon, 2002）[1]。Henderson et al.（2002）将契约作为全球生产网络的形成基础,由网络参与者等级层次整合平衡企业跨国跨界价值链的全球生产网络体系。徐康宁和陈健（2007）[2] 指出,跨国公司通过建厂和国际外包的模式,整合全球资源,建立全球

---

[1] Sturgeon T. Modular Production Networks: A New American Model of Industrial Organization [J]. Industrial & Corporate Change, 2002.11 (3): 451 – 496.
[2] 徐康宁,陈健. 国际生产网络与新国际分工 [J]. 国际经济评论, 2007 (6): 38 – 41.

范围内的跨国工厂和制造基地,形成全球垂直专业化的生产网络。而刘德伟(2015)从微观层面上强调全球生产网络是企业内和企业间协作;从宏观层面强调全球生产网络是国家与国家之间的国际分工与贸易。

全球生产网络(Global Production Network,GPN)是国际分工的新形态,其将生产组织网络与空间网络紧密结合,研究价值、权力、嵌入等方面的内容,为分析全球化带来的地理—经济格局提供了一个综合的研究框架。GPN是指在地缘政治环境下某种特定产品间和产品内通过空间分布于不同生产环节,由跨国公司主导供应商和生产商形成生产链或生产网络,在"点—链""链—网""网—网"的空间布局下由多个国家及企业参与这一全球生产网络不同节点的生产或供应活动。全球生产网络是由节点和线条组成的网状生产体系,其节点代表网络参与者,其线条代表参与者由于生产活动形成的各种联系纽带。

(2)全球生产网络结构分析

Sturgeon(2001)全面对比了全球价值链和全球生产网络,主要从组织规模、空间尺度和生产主体三个维度来阐述价值链和生产网络。从组织规模来看,至少有两个主体参与某种产品生产过程;从空间尺度来看,至少有两个国家或两个不同自由贸易区组成;从参与生产主体来看,包含五种不同主体领导厂商、主要供应商、一般供应商、分销商、其他类型合作伙伴,如图1.9所示。全球生产网络中的领导厂商(品牌领导者和合同制造商)占据全球生产网络核心位置,其竞争优势来源于对关键资源的掌控,并对创新能力以及不同节点的协调和知识交流。领导厂商主要承担研发设计与战略性营销环节,主要供应商承担所有价值链环节,并与领导厂商进行交易;而一般供应商承担价值链低端环节,并与主要供应商进行交易。其领导厂商与主要供应商、分销商和其他类型合作伙伴进行交易合作;而主要供应商与领导厂商、一般供应商和其他类型合作伙伴进行交易合作。由此构成全球生产网络的基本组织结构。

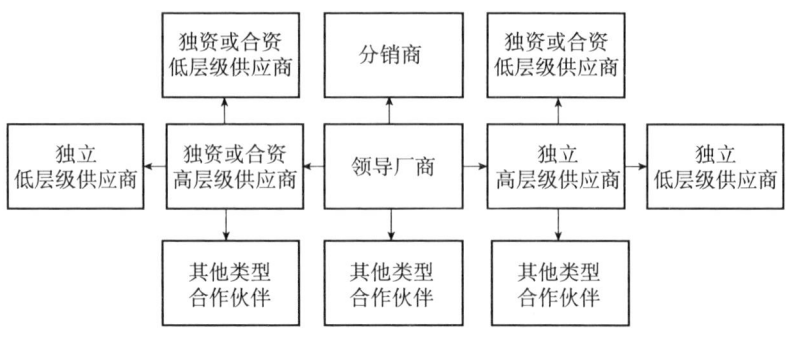

图 1.9 全球生产网络的基本组织结构

（3）全球生产网络与全球价值链的联系

全球价值链（Global Value Chain，GVC）主要从为实现商品或服务价值而形成的研发设计、制造生产和销售服务的全过程来纵向研究全球性产业组织。全球生产网络则是结合全球价值链纵向产业组织价值分布和横向组织间网络关系来研究全球的生产体系。规模越庞大，专业化工序分工的产品越有可能获得规模经济，规模经济的扩大促使其向横向维度发展。其联系体现在以下四点：第一，GPN 和 GVC 都是用来分析全球经济、生产、消费的组织与格局，都具有经济学类的学科背景，并且被世界银行和国际组织普遍用以分析全球经济现状。第二，它们都强调产业部门之间联系、企业之间的生产与组织、价值增值和产业升级。第三，全球生产网络是全球价值链发展的高级阶段，从空间关系角度诠释商品价值形成全过程。而全球价值链可以理解为是对全球生产网络的简化和抽象（如图 1.10 所示）。第四，全球生产网络是全球价值链环节在不同地理空间节点上的分布与联结，它构成了全球化的重要微观基础。

（4）全球生产网络与全球价值链的区别

全球价值链在一定程度上忽略了跨国公司空间异质性的行为和决策过程中的影响，GVC 与 GPN 既有联系又有区别，其区别在于以下四点：第一，GVC 关注价值链上企业内和企业间的联动关系，而 GPN 除了涉及企业，还将一系列企业的外部性因素（政府部门、非政府组织和工会）纳入分析框架。第二，GVC 空间尺度分析集中在全球和国家，很少在地方和区域尺度上考虑；而 GPN 采用多尺度和跨尺度的视角通过对商品和服务的生产、分配及消费过程进行联系与架构，对企业间、企业与非企业在不同空间尺度的相互作用进行分析。第三，GVC 对生产过程中价值创造和分配采用链条（线性）的解释和描述，忽略对网络结构高度复杂性的关注。而 GPN 将整个生产系统从垂直和水平方面相结合起来，采用网络的架构进行分析，比 GVC 的"链"分析更具包容性。第四，GVC 重点关注产业链及产品链在各个环节中的升级，较少关注企业外在因素中更广泛的体制环境和监管在塑造全球治理中的作用，而 GPN 认为整个生产系统不仅受到不同尺度的管制和非管制壁垒，而且还会受地方社会经济文化条件的影响，GPN 更加关注生产系统中复杂多变的权力关系。

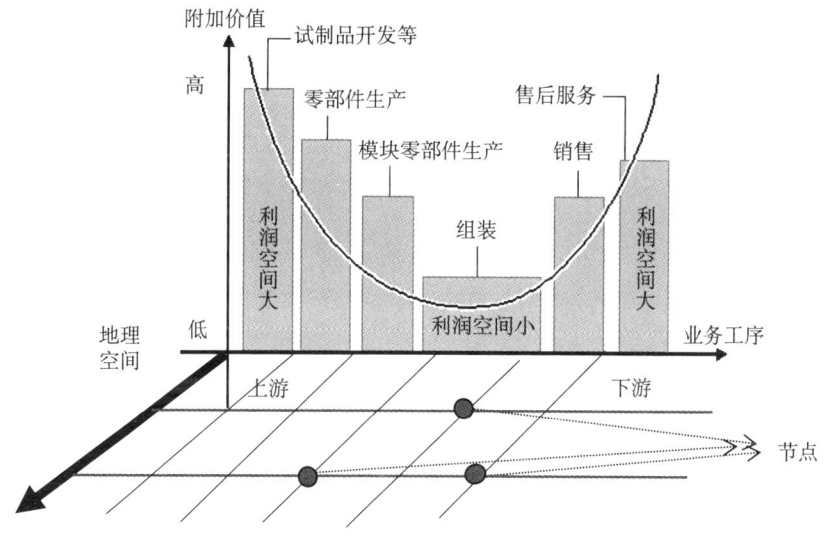

图 1.10　全球价值链 GVC 与全球贸易网络关系图

从研究者对全球价值链与全球生产网络定义可以看出，全球价值链主要从纵向维度来研究全球经济组织，产品越复杂，其生产包括的工序越多，其纵向维度更长；而全球生产网络则更倾向从纵、横两个维度来研究经济组织，产业越庞大，专业化分工越有可能获得规模经济，其横向维度也会更发达，因而也更有可能形成规模宏大、结构复杂的生产网络。全球生产网络可以被认为是全球价值链发展的高级形式，而全球价值链既可以看作是生产网络的初级形式，也可以理解为是对全球生产网络的抽象和简化。

在全球经济新治理模式下，当今企业国际分工地位测度不仅应从纵向价值链上分析各国企业在产品研发设计、制造生产和销售服务的地位，及其在价值链上的位置，更应注重价值链上企业之间关联效应。全球生产网络强调不同参与者之间的关系，不仅考察企业内部层面的特定因素，而且更加注重价值链中企业之间的关联效应，能够较好地捕获经济和组织活动的动态。从而测度不仅从纵向维度分析价值链上攀升情况，而且还从横向维度价值链上分析企业之间网络关联效应大小。

1.3.3　全球贸易网络与全球生产网络

全球贸易网络是世界各国从事国际贸易往来，形成的错综复杂的社会网络关系。全球贸易网络与全球生产网络紧密相关，全球贸易是全球生产实现的前提，是为实现产品内工序分工而形成的全球贸易活动，由贸易行为主体和贸易关系形成全球贸易网络，包含经济属性、地缘属性和制度属性。贸易活动最初都是经济活动，同时受地理环境、政治制度、宗教、民族、语言、地缘文化和价值观念等约束，实现一定空间内跨国流通的经济活动。全球贸易网络是全球生产网络实现的形式。

1.3.4　网络中产业升级界定

许多学者认为产业升级不仅来自企业内在因素，也来自社会网络的外来因素。从社会网络角度分析产业升级是产业在网络中逐渐从价值链低端向价值链高端、产业链非核心位置向核心位置发展的过程，产业升级是嵌入在网络演化过程不断上升的过程，网络中任何经济体只有实现不断升级才能在网络中具有生存的价值。

波特在1990年指出，升级是企业在全球价值链背景下不断积累能力和资源，逐渐迈入价值链较高生产环节的过程。Gereffi et al. (2001)[①] 提出产业升级就是在参与全球价值链分工中不断获取经济租金的过程。但随着跨国公司在全球广泛分布，网状的生产与贸易布局成为当前国际贸易的主要特征，全球贸易网络中心地位逐渐成为各经济体竞争的主要目标。

通过上述的分析可以看出，升级概念源于全球价值链理论，强调产业升级是在嵌入全球价值链中不断改善产业结构与产业素质，提高产业生产效率，促使资源优化配置的过程。孙冰、周大铭[②]及其他学者（Gereffi，1999；姚刚，蔡宁，2016）在嵌入全球价值链理论过程中强调网络权力的作用，网络中核心企业起着引领产业网络升级的功能。还有学者以新经济地理学为研究基础，提出有效的地方产业政策和网络治理可以实现产业升级，产业集群内的企业可能通过合作和制度保障实现产业升级（Maillat，1996；Puppim de Oliveira & Jordão de Oliveira Cerquetra Fortes，2014[③]）。虽然上述两种理论从不同视角分析产业升级，但对升级的概念本质界定是一致的，两者都从组织价值增值过程分析产业升级，均强调网络治理是推动产业升级的主要作用。

产业升级是产业逐渐从网络边缘节点向核心节点发展的过程，核心节点处于网络的中心地位，它在网络中具有较大的影响力，能够控制网络中信息流动，从而影响其他节点的交易行为。节点在网络中具有什么样的权力，或者处于什么样的位置，将决定其在网络中影响力和获取信

[①] Gereffi G, Humphrey J, Kaplinsky R, Sturgeon T J. Introduction: Globalization, Value Chains and Development [J]. IDS Bulletin, 2001, 32 (3): 1-8.

[②] 孙冰，周大铭. 国外创新网络核心企业研究现状评介与未来展望 [J]. 外国经济与管理，2011, 33 (08): 17-24.

[③] Puppim de Oliveira J A, Jordão de Oliveira Cerqueira Fortes P. Global Value Chains and Social Upgrading of Clusters: Lessons from Two Cases of Fair Trade in the Brazilian Northeast [J]. Competition & Change, 2014, 18 (4): 365-381.

息能力，越处于中心位置的节点，影响力就越大。因此，全球贸易网络中产业升级是伴随着产业在网络中不断向中心地位攀升的动态过程。

1.3.5　产业升级与技术升级

产业升级是指产业结构的改善和产业素质与效率的提高，生产效率是衡量产业结构的改善和产业素质与效率提升的指标。产业内企业通过资源优化配置、技术进步降低生产成本、提高生产效率，并开发新产品，形成产业核心竞争能力，获取更高利润。后发国家的产业升级都是从低端产业向中高端产业逐步迈进的过程，低端产业升级不会提升国家在全球贸易网络的地位，但高端主导产业的升级必然提升一国的整体生产效率并推动技术进步，技术进步是产业升级的根本因素，技术升级是从低技术不断向高技术发展的动态过程。通过技术升级来实现技术进步和产业结构升级，从而提升一国的全球贸易网络中心地位。

1.4　研究思路与方法

1.4.1　研究思路

根据党的十九大报告"加快建设制造强国，加快发展先进制造业"的政策，在文献梳理的基础上，挖掘中国高端制造业在学术研究领域中仍有哪些问题分析不足。试图运用传统贸易数据和增加值贸易数据分别测度中国高端制造业在全球贸易网络中的特征与地位，考察深度参与全球价值链分工后能否提升全球高端制造业贸易中心地位，分析影响中国高端制造业全球贸易网络地位的因素，为发展中国高端制造业提出科学决策。

参考了Tinbergen（1962）、McCallum et al.（1995）、Koopman et al.（2010）、Freeman（2004）、Martin et al.（1999）、Grossman et al.（1991）的模型，为研究问题提出相关研究假设，并进行推导与建模，利用国际面板数据和中国工业企业微观面板数据对以上假设进行分析，验证本书所提出的观点。

本书期望通过理论分析和实证分析，试图：第一，运用传统海关贸易数据与增加值贸易数据测度中国高端制造业在全球贸易网络的特征和地位，并对比分析两者的异同；第二，运用测算的网络节点中心地位指标进一步考察全球价值链嵌入度对全球高端制造业网络中心地位的影响，发现其内在的问题；第三，探索解决中国高端制造业演化路径中存在的问题的理论方法，构建并验证全球—地方网络双重嵌入对中国高端制造企业技术升级的传导机制；第四，考察制度因素对中国高端制造业全球贸易网络地位升级的影响；第五，为中国高端制造业发展提出政策建议与路径选择。

1.4.2 研究方法

本书采用理论研究与经验研究相结合、定量与定性分析相结合的研究方法，具体方法如下：

第一，交叉学科研究法。为了横向、纵向、多维度综合分析全球贸易网络下中国高端制造业发展机制，本书采用交叉学科的研究方法，综合了国际贸易学、区域经济学、社会学等多学科的理论，同时结合相关实证数据，增强了本书的可信度。

第二，社会网络分析法。从WIOD数据库提出2000—2014年的贸易增加值数据，利用社会网络分析法分别从传统贸易数据和增加值贸易数据测度中国高端制造业在全球贸易网络的特征和地位，通过比较分析考察中国在全球贸易网络的特征与地位。

第三，多元面板回归分析法。通过 WIOD 数据库、CEPII 数据库和世界银行 WDI 数据库考察高端制造业的全球价值链嵌入度与全球贸易网络中心地位线性和非线性关系，制度距离对中国高端制造业全球贸易网络地位升级影响，构建相关模型，进一步作机制分析，并对结果进行 SGMM 稳健性检验。

第四，双重差分与递归方程系统分析法。引用"自然实验法"，基于中国工业企业数据库微观实证分析全球—地方网络双重嵌入对中国高端制造企业技术升级的影响，进而建立递归方程分析其传导机制。同时对中国高端制造企业不同产权、不同区域实行异质性分析。

1.5　技术路线与研究内容

1.5.1　技术路线

本书的技术路线如图 1.11 所示。

1.5.2　研究内容

第 1 章，绪论。首先从研究背景和问题提出、研究意义和目的、基本概念界定展开阐述，同时梳理了研究思路与方法、研究内容与技术路线，最后提出了可能存在的创新点。

第 2 章，文献综述梳理。从网络特征分析角度，回顾了全球贸易网络形成原因，梳理国际上比较通用测度全球贸易网络特征和地位的方法，从价值链、制度、全球贸易网络视角分析产业升级。进一步从网络嵌入角度，分析全球贸易网络与制造业的关系、网络嵌入与技术升级的

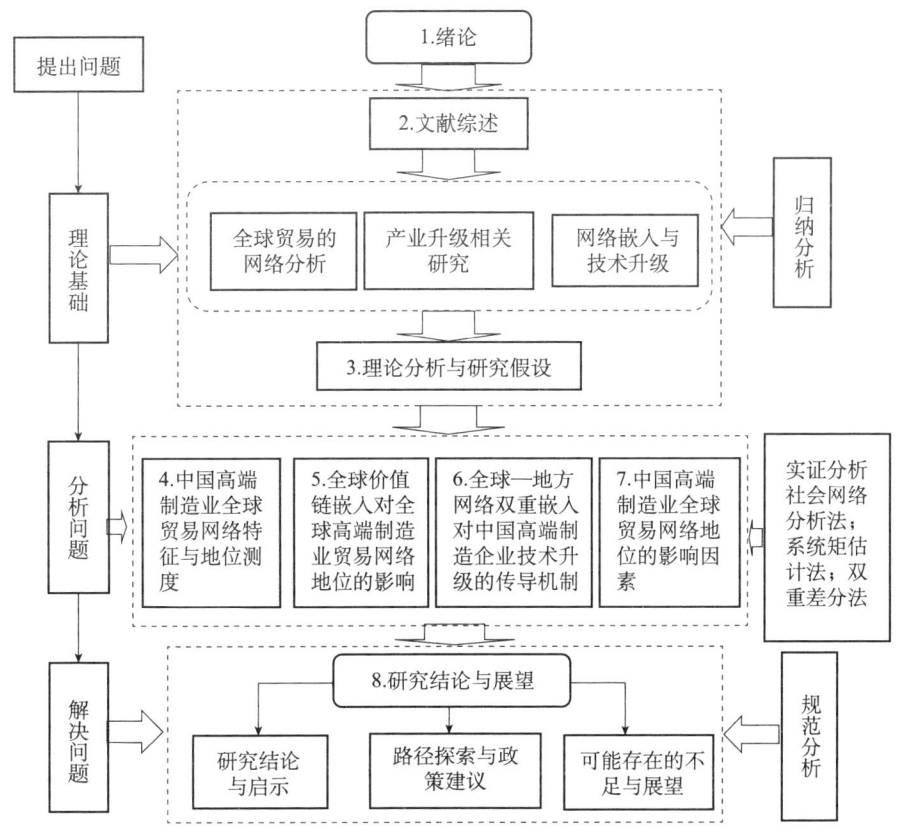

图 1.11 技术路线图

关系。在文献梳理过程中总结其成果，发现其不足，在此基础上展开相关的研究。

第 3 章，理论分析与研究假设。试图运用社会网络中心性理论剖析中国在深度参与全球价值链分工能否提升全球贸易网络的中心地位；基于新经济地理理论的企业区位选择分析框架，阐述开放经济条件下企业地方网络集聚如何促进技术升级的研究假设，加入制度因素对国际贸易引力模型进行扩展，分析制度距离对中国的全球贸易网络地位的影响研究假设。

第 4 章，中国高端制造业的全球贸易网络特征和地位的测度。本书基于社会网络分析法，根据 UN Comtrade 和 UNstats 数据库匹配出 OECD 认定的五类高端制造行业的进出口贸易额，同时根据 WIOD 数据库测算出增加值贸易，基于传统贸易数据和增加值贸易数据利用社会网络分析法分别测算 2002 年、2006 年、2010 年、2014 年的 42 个国家的高端制造业"网络拓扑图、密度、凝聚力、距离、中心性"指标，分析了全球贸易网络的特征和地位。并对两组数据测算出来的不同结果进行对比分析。

第 5 章，从宏观视角，分析全球价值链嵌入对全球高端制造业贸易网络中心地位的影响。在运用第四章测算出来的全球贸易网络特征与地位指标的基础上，并一步运用增加值贸易数据测算全球价值链嵌入的程度，考察全球价值链嵌入度与全球高端制造业网络中地位线性与非线性关系，并进行异质性分析，同时，对结论做稳健性检验，试图从科学实证中挖掘出国高端制造业演化路径中遇到的问题，并用以指导后工业化时代中国高端制造业发展方向。

第 6 章，从微观视角，分析双重网络嵌入对中国高端制造企业技术升级的传导机制。针对以上存在问题，提出解决方法的理论依据。通过中国加入 WTO 后逐渐取消非关税壁垒的政策冲击，引用"自然实验法"，基于中国工业企业数据库微观实证分析了全球—地方网络双重嵌入对中国高端制造企业技术升级的影响，进而通过建立递归方程的方式分析其传导机制。同时对中国高端制造企业进行了企业产权异质性分析和区域异质性分析。探索其成长过程的理论传导机制，以指导中国针对不同区域和不同企业性质高端制造业的发展。

第 7 章，基于 UN Comtrade 和 UNstats 数据库、世界银行 WDI 数据库、CEPII 数据库和全球政治治理指标数据库，基于第 4 章全球高端制造业网络特征，通过 UCINET 软件中 QAP 方法分析影响全球高端制造业网络相关的因素，从中选出经济因素、制度因素、文化因素和地理因素，选取主要因素分析中国高端制造业在全球贸易网络地位升级的影响，构建模型并加入经济距离、文化距离和地理距离作为控制变量，进一步探索制度因素是否通过技术因素影响中国与他国的中间产品贸易，进而验证扩展的引力模型。

第8章，结论与展望。将基于上述相关理论分析与实证研究结果，对中国高端制造业转型升级的发展模式、具体策略等提出措施和建议。

1.6 可能创新之处

从理论与实证研究方面分析全球贸易网络对中国高端制造业发展问题，可能存在的创新之处：

第一，拓展产业升级指标，运用增加值贸易数据测算全球贸易网络中心地位代表产业升级指标。以往大多文献采用全球价值链地位、出口技术复杂度和制造业服务化率指标代表产业升级。在实证分析过程中运用海关传统贸易数据与增加值贸易数据相结合的方式，测度全球高端制造业网络特征和地位。以往研究主要使用海关传统贸易数据。而运用增加值贸易数据更能真实测度全球高端制造业贸易网络的总体特征和网络中心地位。使用两种贸易数据进行比较分析更能准确判断各国在全球高端制造业贸易网络的中心地位。

第二，运用增加值贸易数据测算的全球价值链嵌入与全球高端制造业贸易网络地位之间呈倒U型关系。以往的研究主要集中在测度制造业全球网络格局，甚少分析全球制造业网络的影响因素。在运用增加值贸易数据测算的全球贸易网络特征和地位的基础上，考察全球价值链嵌入与全球高端制造业贸易网络影响的线性与非线性关系，发现全球价值链嵌入与全球高端制造业贸易网络地位可能呈倒U型关系。因此，在此拓展了全球价值链与全球贸易网络研究思路。

第三，从全球—地方双重空间尺度，挖掘双重网络嵌入对中国高端制造企业技术升级的传导机制。以往研究制造业机制主要是以调查问卷和文字描述的论证方法分析,从单一区域考察全球价值链嵌入或地方产业集聚嵌入对产业升级的影响,从微观企业数据出发,通过建立递归方程组,考察取消非关税壁垒的政策冲击对中国高端制造业地方网络形成的影响,并进一步剖析双重网络嵌入企业对技术升级的传导机制。通过异质性分析,考察不同产权性质和不同区域的企业的技术升级传导机制是否具有差异性。本书有利于扩展贸易自由化政策对微观企业影响的研究边际,拓展和延伸"双重网络嵌入对技术升级"文献脉络,能够为开放经济条件下全球—地方网络双重嵌入如何促进产业升级提供经验证据。

第 2 章

文献梳理与评述

从全球贸易网络与产业升级这一核心论点出发，拟从社会网络分析法测算中国高端制造业在全球贸易网络的特征与地位，剖析深度参与全球价值链与全球贸易网络中心地位的关系，从而探索网络嵌入下中国高端制造业技术升级的传导机制，提出中国高端制造业培育模式与政策建议，在此结构下对有关学术思想进行梳理。

2.1 全球贸易的网络分析

2.1.1 社会网络与复杂网络

从百度学术查找与本书研究相关的文献，其中搜索"social network"关键词，约有719000篇文献，搜索"social network & trade"，约有185000篇文献，搜索"social network & high technology industrial"，约有507000篇文献。搜索"social network & technology"，约有351000篇文献。以"complex network"关键词进行搜索约有312000篇文献。

社会网络与复杂网络归为网络科学范畴，主要对生物、物理和社会现象进行网络描述，并建立模型对此现象进行预测。两者具有很大关联性，但也存在明显的差异。目前，网络分析法经常运用在国际贸易学术领域。表2.1和表2.2分别展示了社会网络和复杂网络的研究概况。

（1）社会网络分析法

社会网络研究更倾向于人文社会研究，研究范畴主要针对社会关系学，主要强调理解和阐释网络中社会意义。Moreno（1933）提出的"社群图"的概念是社会网络分析方法的起源，用节点表示社会网络中

表 2.1　　　　　　　　　　社会网络研究概况

研究主题	研究视角	主要观点	代表学者
社会网络理论：人文学科	"社群图"	节点表示社会网络中的行动者，用节点间的线条表示社会网络的行动者之间的关系	Moreno（1933）
	"块模型"和"多维量表"	块模型主要研究网络行动者角色位置模型方法；多维量表则研究网络关系中社会行动者的社会距离	White（1976）
	"弱连接优势"	弱连接比强连接具有更好的信息传播效应	Granovetter（1973）
	"结构洞理论"	网络结构中连接空隙的社会行动者	Burt（1992）
	"嵌入性理论"	社会行动者在经济活动嵌入社会关系构建一种较低成本的信任机制	Granovetter（1985）
	"社会资本理论"	社会行动者在网络中位置影响获取资源的能力	Lin（2001）
	网络中心性	网络中社会行动者的度数中心度、中间中心度和接近中心度	Freeman（1979）

资料来源：作者整理。

的行动者，用节点间的线条表示社会网络的行动者之间的关系，通过社群图直观区分社会行动者在网络中的位置与角色，揭示网络中行动者的互惠性和不对称性。之后大量学者开始结合图论和矩阵运用社会网络分析法研究一些社会学领域的现象，具有代表性的是麻省理工学院的学者 Bavelas（1950）在分析群体任务导向中首次提出了网络中心性的概念。到了 20 世纪 70 年代，越来越多的学者开始使用社会网络分析法，产生了大量的著作与文献，以 Wilhite[①] 为代表提出了"块模型"和"多维量表"，块模型主要研究网络行动者角色位置的模型方法，多维量表则研究网络关系中社会行动者的社会距离。社会网络理论研究中最具影响力的是由 Granovetter（1973）提出的"弱连接优势"理论和 Burt（1992）提出的"结构洞"理论。弱连接优势理论说明网络中个体间的弱关系是产生新信息的重要来源，弱连接比强连接具有更好的信息传播

---

① Wilhite A, Bilateral Trade and "Small-World" Networks [J]. Computational Economics, 2001（1）: 49–64.

效应。结构洞理论是对社会网络分析法重要理论补充，其认为社会网络中存在一定空隙，如果其中有社会行动者填补该空隙，此行动者在网络结构中就起到桥梁的作用，通过跨越结构洞获取信息流，从而达到控制网络中其他行动者利益的能力。在此基础上，Granovetter 于 1985 年提出了"嵌入性理论"，主要研究经济活动嵌入社会关系时，社会行动者可能以较低的成本构建一种信任机制；Lin（2001）提出"社会资本"理论，主要观点是社会行动者在网络中位置影响获取资源的能力。当前社会网络分析法主要是由 Freeman（1979）[①](#) 提出的网络中心性指标。随着计算机网络程序与技术的开发，社会网络分析软件也逐渐被开发出来，这种软件可以对矩阵与数据进行分析处理，以可视化的方式将社会网络通过图形方式直观展现出来，比如常用的 Uncinet 和 Netdraw 都是社会网络分析法的测量软件。

（2）复杂网络分析法

复杂网络更倾向于自然科学研究，重点研究的是整体网络的性质及网络动力学。复杂网络理论起源于数学领域，瑞士数学家欧拉（Euler）在 1736 年使用图论的方法破解了哥尼斯堡的"七桥问题"，首次运用网络观点描述客观世界。随后，Watts 和 Strogatz 于 1998 年提出基于复杂网络理论的小世界网络模型，Li et al.（2005）指出二元制网络分析方法不能完全提取有关贸易强度的信息，因为其可能大大低估了贸易联系中异质性的作用。于是 Fagiolo et al.（2008）认为国际贸易网络的统计特性是一个加权网络，与它的加权对等物相比，具有很大的不同，而加权网络分析能够提供比二进制网络分析更完整、更真实的国际贸易网络图像。复杂网络分析比较常用的辅助软件有 Pajek，该软件可视化网络拓扑图和测度拓扑图的参数。虽然复杂网络分析法更倾向于自然科学，但在经济学领域中同样被广泛地运用。

---

① Freeman L C. A Set of Measures of Centrality Based on Betweenness [J]. Sociometry, 1979, 40 (1): 35–41.

表 2.2　　　　　　　　　　复杂网络研究概况

研究主题	研究视角	主要观点	代表学者
复杂网络理论：自然学科	数学与物理	网络节点之间是否存在边相连	Euler（1736）
复杂网络特征	网络模型	介于规则网络和随机网络"小世界"网络	Wattz & Strogatz（1998）
	度量特征	无标度网络	Barabasi & Albert（1999）
国际贸易网络	国际贸易无权网络	从贸易关系考察国际贸易 具有无标度性、小世界性、高聚类系数特征	Serrano & Boguna（2003）
	国际贸易加权网络	从贸易权重考察国际贸易复杂网络	Li et al.（2005）

资料来源：作者整理。

(3) 网络分析运用于国际贸易领域

国际贸易网络被定义为在某一年内世界各国之间的进出口关系网络。第一批国际贸易网络研究的特性是采用二元制网络分析法，代表性的有 Wilhite（2001）研究发现全球范围内存在双向贸易选择关系，形成了具有小世界关系的国际贸易网络。随着复杂网络分析法发展，有学者发现复杂网络能够更加全面地识别双边贸易网络特征，从而被广泛运用在国际贸易研究领域。虽然近年来国际贸易取得较大的发展，但经济学家 Eaton 和 Kortum（2000）曾经预测，如果国际贸易存在"零引力"，即贸易没有地理距离的壁垒，世界贸易额将增长超过五倍。除了贸易地理壁垒，贸易中还存在贸易合同执行力不到位和贸易机会信息不充分等非正式贸易壁垒，造成贸易流失的现象。直至 20 世纪 90 年代，许多学者开始关注社会网络对国际贸易的影响，研究社会网络如何解决非贸易正式壁垒的问题。由于国际贸易市场买卖双方存在信息不对称现象，面临大量信息成本，而社会网络涵盖了大量国家间社会关系，包括合同网络和商业集团等，可以有效解决信息不对称的问题。Rauch（1996）研究发现社会网络减少了国际贸易中的信息成本，产生净贸易效应，有效解决了非正式贸易壁垒问题。社会网络通过建立道德团体替代法律效力不强的贸易环境、建立惩罚机制使违规的合作方承受更大信用成本的代价、形成文化交流网络解决垄断竞争市场的信息壁垒问题。Wilkinson et al.（2000）从网络角度分析企业的国际竞争力和贸易促进政策，强调企业之间、跨越行业和国际边界的网络作用和重要性。首先，确定了整个价值生产系统中涉及的两种生产者网络，即主要和辅助生产者网络；其次，根据是否具有潜在国际竞争力，对网络进行分类，即处于本地或国外市场网络的企业，以及具有国际竞争力的公司。不同类型的网络对公司的运营和国际业绩提供机会和威胁，并要求采用不同的贸易促进政策。

2.1.2 全球贸易网络特征与地位测度

（1）全球贸易网络特征测度

为了使得国际贸易网络的研究更加细致，越来越多的学者运用网络分析法测度商品全球网络分布特征，其主要包括网络拓扑结构、度分布、聚类系数和密度等。Newman 和 Park（2003）[1] 识别了贸易网络拓扑结构特征，即度分布、中介性、最短路径、集聚度等。Serrano 和 Boguna（2003）[2] 运用复杂网络分析法发现国际贸易网络呈现出复杂网络中的小世界属性、无标度分布、不同节点的度相关联和高聚类系数的显著特征。但段文奇等（2008）[3] 研究发现国际贸易网络不具有典型的无标度网络特征，其中贸易网络拓扑结构的异质性在演化过程中不断下

---

[1] Newman M E J, Park J. Why Social Networks are Different from Other Types of Networks [J]. Physical Review E, 2003, 68（3）: 036122.

[2] Serrano M A, Boguna M. Topology of the World Trade Web [J]. Physical Review E, 2003（68）: 634 – 646.

[3] 段文奇，刘宝全，季建华. 国际贸易网络拓扑结构的演化 [J]. 系统工程理论与实践，2008（10）: 71 – 81.

降。由于越来越多的国家融入全球贸易体系中，各国在全球贸易分工体系中日益有序地分工合作，形成了经济一体化和贸易全球化并存的趋势。Barigozzi 等人采用 1992—2003 年的数据，针对某种特定商品建立了国际贸易多网络模型，发现这种贸易网络在平均连通性、聚类性及中间性方面呈现出与整体贸易网络不同的特征。他们发现，整体贸易网络依靠特定商品网络之间的弱连接实现了完整连通性（Barigozzi，2010）。随后，国内学者陈银飞（2011）研究发现世界贸易网络为负向匹配网络且存在富人俱乐部现象，大多数国家贸易伙伴多，但强度大的国家却很少，受次贷危机的影响，世界贸易关系的萎缩先于世界贸易量的萎缩；核心—边缘分析显示，美国核心度一直下降，日、德、英、法与金砖四国的核心度均上升，次贷危机后，美国下降更显著，金砖四国则上升更显著，接近危机前的两倍。刘建（2013）根据国际原油贸易统计数据，运用社会网络分析法研究发现国际原油网络整体不够紧密，网络密度受国际市场价格和世界经济形势的影响，大部分原油出口主要集中在沙特阿拉伯、俄罗斯等国，美国、中国和日本则为主要原油需求国，贸易网络格局的演变与石油资源禀赋分布、地区经济发展形势密切相关。马远和徐俐俐（2017）利用复杂网络分析方法对"一带一路"沿线国家天然气贸易网络结构特征、微观模式及其影响因素进行分析。天然气贸易分布格局符合"马太效应"，但加权网络结构的异质化程度在降低，贸易大国与贸易小国的差距在减小。

（2）全球贸易网络地位测度

相对于网络特征来看，考察网络中节点地位更能挖掘节点在网络中权力大小。当前，社会网络分析法主要是由 Freeman（1979）提出的网络中心性指标，社会网络节点中心性主要由度数中心度、中间中心度和接近中心度组成，其中度数中心度是测度网络的关联数；中间中心度测度网络中一国控制其他两国的交往能力；接近中心度测度一国在网络中不受其他国家控制的能力。许和连和孙天阳（2015）基于 UN Comtrade 的进出口贸易数据，利用复杂网络中心性和模体指标分析，构建"一带一路"区域上65个国家的高端制造业贸易局域网络,考察各国在贸易网络中的地位和贸易模式。罗仕龙等(2016)分析发现,十余年来国际贸易网络的核心国家几乎没有增加。另外,将介数和强度作为变量的聚类分析发现,十年间仅有少数国家的贸易地位有明显的提升,并且国家在贸易网络的地位具有较为稳定的层次性。马述忠等(2016)基于农产品贸易数据,运用社会网络分析法分析发现,全球农产品贸易中心性和异质性对全球农业价值链分工地位提升是显著正向的。

(3) 全球制造业贸易网络测度

制造业发展一直是各国学者关注的重点,近年来,已开始有相关文献从网络视角研究制造业的问题。陈伟等(2012)采用东北三省装备制造业创新网络数据,从网络分析视角,考察创新网络中整体网络的特征,发现其呈现"核心—边缘"的网络结构特征,网络的结构洞和中心性正向影响网络节点创新产出,但创新网络中间中心性却对创新产出没有影响,核心网络节点控制并引领其他子网络,创新能力较弱的网络节点倾向于与较强的创新能力的成品组成网络密度技术升级联盟。许和连等(2015)在TPP背景下构建世界高端制造业贸易网络,分析了网络的社团划分及其演化,发现自美国加入TPP以后高端制造业出口到亚太地区比重明显提高,而中国出口比重却在下降。亚太网络社团分裂为亚太和TPP二个社团,美国主导TPP社团强势吸引了原亚太社会中很多东亚经济体的加入,而规则却把中国排除在外,在这一轮亚太高端制造业网络社会演化过程中美国已占领先机,而中国面临被边缘化的危险。陈丽娴等(2018)以世界投入产出表测度制造业增加值率作为价值链升级指标,考察生产性服务贸易网络与制造业全球价值链分工地位的关系,研究发现发展中经济体在生产性服务贸易网络中获得制造业全球价值链升级的能力很弱。杜运苏和彭冬冬(2018)[1] 基于世界投入产

---

[1] 杜运苏,彭冬冬. 制造业服务化与全球增加值贸易网络地位提升——基于2000—2014年世界投入产出表[J]. 财贸经济,2018(2):103-117.

出表并运用社会网络分析法,验证了一国提高制造业服务化水平有利于全球增加值贸易网络中心地位的提升。

2.2 产业升级相关研究

国内外学者研究产业升级大多结合国际贸易学与产业经济学综合进行分析,梳理相关文献,主要从价值链和制度方面展开综述。

2.2.1 从价值链视角考察产业升级

Porter 在 1985 年最早从价值链视角分析产业转型升级,随后国内外许多学者对此展开了深入分析。Gereffi（1994）[1]认为产业转型升级不仅是简单的产业结构变迁,而是企业不断提高附加值,提升全球价值链地位和竞争力的过程。Ernst（2003）研究发现全球价值链产生行业间的技术溢出效应推动发展中国家产业转型升级,但技术溢出的机理和效果在不同驱动类型下是不一样的。国内相关学者主要从三个方面分析全球价值链与产业升级的关系：一是管理和商业模式。刘志彪（2005）[2]提出中国参与全球价值链分工走"代加工"是一种内生自然选择,根据商业模式演化路径,从 OEM 到 ODM 是企业技术升级的积累过程,从 OEM、ODM 到 OBM 是实现企业产业升级的过程。中国在面临"低端锁定"困境的情况下,应引导产业构建全球—国家价值链的发展战略,以东部地区作为价值链高端的发展区域,中西部地方作为价值链中低端

---

[1] Gereffi G. International Trade and Industrial Upgrading in the Apparel Commodity Chain [J]. Journal of International Economics, 1994, 48 (1): 37 - 70.

[2] 刘志彪. 全球化背景下中国制造业升级的路径与品牌战略 [J]. 财经问题研究, 2005 (5): 25 - 31.

的区域，通过价值链的治理机制协调产业的发展，并缩小地区间的发展差距，进而实现全国范围内的产业升级（刘志彪和张少军，2009[①]；张少军和刘志彪，2009）[②]。从全球价值链视角考察制造业产业升级，提出产业升级包括产品升级、商业模式升级、管理模式升级、企业战略升级、融资渠道升级和市场升级等路径（郭玉屏，2013）。二是全球价值链地位指数。王飞和郭孟珂（2014）运用全球价值链参与度指数和修正的显示性比较优势指数分析纺织行业在全球价值链的地位和竞争力，发现中国纺织业整体上具有竞争优势，但从 GVC 增加值来看，与发达国家还有较大的差距，而且纺织业转型升级要不断提升附加值和技术含量。周茂等[③]（2016）基于中国加入 WTO 的自然实验环境，运用倍差法研究贸易自由化对产业升级的影响及机制，通过测算城市出口产品的技术复杂度衡量城市的产业升级状况，研究发现贸易自由化引致进口竞争效应的加强，进而促进产业结构的优化。三是制造业服务化指数。胡昭玲等（2017）基于 WIOD 最新数据测算参与全球价值链分工的国家在制造业服务化的特征事实，研究发现制造业服务化可通过技术升级推动产业结构转型升级。

2.2.2 从制度视角考察产业升级

Robert（1992）指出东亚相关产业政策促进东亚区域关键性战略产业的发展，政府通过压缩市场机制发展空间，有目的地扭曲市场价格，政府制度对"东亚奇迹"产生起到很大的作用。聂爱云和陆长平

[①] 刘志彪，张少军. 总部经济、产业升级和区域协调——基于全球价值链的分析 [J]. 南京大学学报（哲学·人文科学·社会科学），2009，46（6）：54-62.
[②] 刘志彪. 战略性新兴产业的高端化：基于"链"的经济分析 [J]. 产业经济研究，2012（3）：9-17.
[③] 周茂，陆毅，陈丽丽. 企业生产率与企业对外直接投资进入模式选择——来自中国企业的证据 [J]. 管理世界，2015（11）：70-86.

(2012)从制度约束的视角分析了FDI对产业结构的影响,研究发现制度约束下产生了FDI规模过大和产业结构质量偏低,导致结构锁定效应和收入漏出凸显,制度约束条件下不利于产业结构的升级。而约翰逊(1982)、埃姆斯登(1989)和韦德(2004)分别对日本、韩国和中国台湾的经济进行研究,认为东亚经济迅速发展归功于强势政府制定的产业政策,弥补了市场失灵的缺陷。在约翰逊看来,日本产业政策涵盖面非常广泛,不仅从企业层面展开干预,而且国家产业结构布局也是调节的对象。韦德认为发展中国家的市场机制还未健全,需要创造良好制度环境,通过政府产业政策"驾驭市场(governing the market)"来促进产业的发展。此观点与新古典经济学分析框架下不存在信息不对称和有限理性现实前提的政府职能理论不同,韦德模型建立在通过学习的"善"政府来促进产业升级基础上,深入分析了政府"驾驭市场"的比较优势、动机来源、政策信用的建立等。政府主导的产业政策使资源从低效率转向高效率部门,通过政府干预扭曲市场机制的辅助手段下实现产业升级。政府对微观经济的制度干预促成了东亚经济的巨大发展,如果政府能有效融合宏观经济政策和人力资本投资的支持性政策,东亚的经济增长速度将会进一步得到提升。阮建青等(2010)[①]研究危机与制造业产业集群质量升级的内在机理。研究发现当发现重大危机时,地方政府和企业家会集体行动想办法破解危机,合适的集体行动有利于产业集群的升级。

2.2.3 全球贸易网络与产业升级的关系

国外较早由Gereffi(1994)在全球生产网络背景下研究产业升级演化路径,认为发展中国家的本土企业可以沿着组装加工—贴牌生产—自

---

① 阮建青,张晓波,卫龙宝.危机与制造业产业集群的质量升级——基于浙江产业集群的研究[J].管理世界,2010(2):69-79.

主设计制造—自有品牌构建的路径演化。但在全球贸易网络对于产业升级的影响问题上，不同学者持不同的观点。

（1）当国家的产业技术水平较低时，融入全球分工体系可以推进产业升级

Crozet 和 Koenig（2007）基于 1980—2000 年欧盟经济数据，研究发现欧盟空间经济集聚活动促进地区的经济增长，经济不均衡分布的地区经济增长越快。发展中国家与发达国家形成了以跨国公司为主导的全球生产网络，发展中国家从生产网络中获取知识，通过学习效应快速获得工艺升级和产品升级，从而促进自身技术进步。发展中国家参与国际分工分享全球化红利，带来了技术进步（Gereffi & Lee，2012）[1]。Todd（2013）指出在国家间经贸合作活动中，由于技术扩散和人才交流，发展中国家在不断学习与交流活动中逐渐追赶发达国家，发达国家也从活动中获取人力成本和资源优势。发展中国家在国际分工日益专业化的背景下可以获得发达国家的技术支持，技术外溢性提高了发展中国家的生产技术。中国加入全球价值链分工体系提高了本国的技术和劳动率，主要从出口产品质量要求和进口先进设备中获取（王玉燕等，2014）[2]。盛斌和陈帅（2015）[3] 指出发展中国家在融入跨国公司的生产体系中，不再需要建立自己完整的价值链，可以通过参与全球价值链分工体系，利用本国的核心竞争力和优势要素完成分工规定的特定任务，实现国内附加值的关联增长和出口，为发展中国家带来新的发展机遇。除了外商直接投资可能促进发展中国家的产业升级，发展中国家的对外直接投资也能带来国外增加值的提升。杨连星和罗玉辉（2017）运用国家和行

---

[1] Gereffi G，Lee J. Why the World Suddenly Cares about Global Supply Chains [J]. Journal of Supply Chain Management，2012，48（3）：24-32.

[2] 王玉燕，林汉川，吕臣. 全球价值链嵌入的技术进步效应—来自中国工业面板数据的经验研究 [J]. 中国工业经济，2014（9）：65-77.

[3] 盛斌，陈帅. 全球价值链如何改变了贸易政策：对产业升级的影响和启示 [J]. 国际经济评论，2015（1）：85-97.

业层面的数据分析了中国的对外直接投资活动中存在的逆向技术溢出效应，这种效应促进了发展中国家的国外增加值，从而提升了发展中国家在全球价值链的位置。

（2）当国家的产业技术水平有一定高度时，融入全球分工体系会阻碍产业升级

当一国在全球价值链分工体系中技术提高达到一定程度时，价值链主导国家会阻碍该国的技术进步。李翀和曲艺（2012）指出国际贸易格局的实质是发达国家支配着国际贸易并在国际贸易中获取高额的寡头垄断利润。而发展中国家不管如何发挥其内部集群力量，一直都在低效益、低水平的状态追赶，难以突破价值链的低端锁定（闫华飞，2013）。虽然参与全球生产体系是发展中国家实现企业升级的有效路径，但在与生产网络中的领导企业持续合作互动的过程中，发展中国家的企业被领导企业长期"低端俘虏"（Schmitz，2004）。究其原因，一是内需不足，导致需求引致创新的内生机制难以形成（卢福财和胡平波，2008）[①]；二是集群封闭，领导企业主导的战略意图型集群形成一种"隔绝机制"和移动壁垒，从而强化领导企业在全球贸易网络中原有的网络权力，使得其他企业无法获得和模仿这种特定资源和优势（王益民和宋琰纹，2007）；三是网络失联，后继乏力，融入全球价值链产生地方集群内部企业由于社会认识、技术高度一致性，让知识创新活动难以开展，思想僵化、认知锁定导致与全球网络失联，并缺乏创新的动力，地方网络技术水平降低难以实现产业升级，在某种意义上就是全球网络节点之间协同匮乏（赖红波，2014）。从全球价值链分配利益来看，跨国公司为了维护垄断利益，不断约束发展中国家知识创新与产业升级，使发展中国家陷入"低端锁定"困难局面（黄先海和余骁，2017）。

---

① 卢福财，胡平波. 全球价值网络下中国企业低端锁定的博弈分析 [J]. 中国工业经济，2008（10）：23-32.

2.3 网络嵌入与技术升级

随着市场进一步开放,企业之间形成紧密的跨国跨界网络。竞争加剧促使企业在网络中具有强烈的自学习动机,在学习和决策过程中,不断地从网络中分享资源和利益,使得企业在网络嵌入过程中逐步地实现技术升级。但在网络嵌入对技术升级的问题上,不同学者持不同的观点。

2.3.1 网络嵌入理论

(1) 网络嵌入理论起源

Polanyi(1944)[①] 在书中指出"经济作为一个制度过程,是嵌入在社会和文化结构之中的"。网络嵌入性开始进入学者的视野,经过几十年的发展,现已成为新经济社会学领域的重要概念,广泛运用于经济学、组织理论和社会网络发展理论。直到 1985 年 Granovetter 又重新提出嵌入性理论,这也是社会网络发展中具有代表性的理论之一。其认为经济活动都是在社会网络互动的行为中产生,古典经济学理论重点关注经济,而缺乏社会化,而社会学理论又存在过度社会化的问题,网络嵌入性理论有效地把经济学、组织行为学和社会学连接起来。将网络嵌入性分析纳入经济社会学领域,使原有经济活动从仅双边网络关系决策拓展到多边网络关系决策。从经济学与管理学的视角,嵌入性是指社会网络中多个行动者共同建立联接提升资源配置效率。这种联接是建立在信

---

① Polanyi. K. The Great Transformation: The Political and Economic Origins of Our Time [M]. Beacon Press,1944:26-38.

任合作的基础上,企业创建跨界知识转移和学习实现竞争优势的提升(Uzzi,1999[①];Uzzi&Lancaster,2003)。企业嵌入程度在社会经济学里被定义为企业融入网络的状态和投入程度,在社会网络中企业经过长期累积与其他行动者的关系,形成紧密网络关联度(Andersson et al.,2001)。

(2)网络嵌入性的类型

在Polanyi和Granovetter的基础上,很多学者对此进行相关研究,提出了嵌入性理论的分析框架。Granovetter最早提出了网络嵌入的类型为结构嵌入性和关系嵌入性。随后Zukin和Dimaggio提出文化嵌入性和认知嵌入性。关系嵌入性指网络中行动者之间的相互关系质量,基于双方间信任与互惠机制产生的,主要从网络关系特征强调信息共享的作用。其是一种特别网络合作关系,与经济活动中市场交易关系有着较大的区别。结构嵌入性是指成员间互动使其存在于更大网络结构中,主要强调整体网络结构特征,如网络中心性、规模和密度等指标来测量行为者的网络结构。认知嵌入性是社会行动者在进行理性决策时会受到原有意识形态和社会环境的影响,行动者认知会影响企业的组织行为管理(Zukin & Dimaggio,1990)。文化嵌入性是社会行动者的决策受集体价值观和行为规范的影响,是一种非正式的隐性约束,对行动者的行为影响是无意识的(Dimaggii & Powell,1983)。

2.3.2 全球网络嵌入与技术升级

(1)全球网络嵌入促进本土企业技术升级

Matthew(2009)研究发现加拿大本土集群的主要竞争力来自全

---

① Uzzi B. Embeddedness in the Making of Financial Capital: How Social Relations and Networks Benefit Firms Seeking Financing [J]. American Sociological Review, 1999, 64 (4): 481-505.

球网络带来的知识和技术扩散。全球生产网络是技术扩散的途径，技术溢出在不同生产网络模式的影响不同（Jabbour，2005）。全球生产网络主要由中间产品的生产与贸易所形成，发达国家从事中间产品的进口，发达国家的进口中间产品加大生产中间产品的竞争，使发达国家从中受益，发展中国家在从事中间产品的生产过程中不断吸收知识和技术，促使发展中国家产业升级（Pack & Saggi, 2001）。Gorg 和 Hanley（2004）研究发现爱尔兰电子行业企业以外包形成的全球生产网络，中间产品的外包有效促进企业生产率的提升。也有国外学者分析发现中国在 ICT 产业网络分工中位置较低，但在国际分工中获取技术外溢的福利，不断地提升这类产业升级（Amighini，2005）。Antras 和 de Gortari（2017）运用多阶段一般均衡理论，分析企业最佳区位选择不仅是由生产的边际成本函数决定，还取决于与区位中心产业是否关联，研究结果表明，企业选择产业的下游生产是最佳的区位嵌入位置。肖文和殷宝庆（2011）基于投入产出数据分析参与全球生产网络的垂直专业化分工体系与技术升级的影响，研究发现企业在全球贸易网络中通过产品专业化分工、中间产品贸易和技术人才流动等途径，有效地促进了企业的技术进步和产业升级。王劲波（2012）基于网络嵌入性理论，以 157 个嵌入全球生产网络的中国制造企业为样本，研究发现中国制造企业通过嵌入全球网络可以获取隐性知识，提升技术升级能力，进而促进企业核心竞争力。通过提高出口企业生产率可以有效地提高出口技术复杂度，为了保证可持续性的出口竞争力需要企业提高生产率，进而实现产品升级（鲁晓东，2014）。

（2）全球网络嵌入制约本土企业技术升级

大部分学者认同全球生产网络内知识与技术转移会受治理模式的制约，其中以产业经济学派关注制约知识转移为主。购买者驱动的生产网络模式中，领导者与参与者之间存在市场势力不对称的现象，购买者不会总是为升级提升支持（Humphrey & Schmitz，2004）①。网络中购买者和制造者之间存在积极和消极的因素，购买者掌握产品的核心技术——营销与设计，购买者不愿意跟制造者分享这种核心技术，因此，两者之间存在难以逾越的界限（Schmitz & Knorringa，2000）。Rammohan（2003）提出"升级谎言"论，其认为全球网络的外围国家产业升级是有多种条件制约的，外围国家的升级伴随着中心国家的升级而产生，即使外围国家在节点、部门和链条上发生了升级，也不意味着网络地位发生变化，新的商品价值链会再一次让外围国家处于低端锁定的状态。王益民和宋琰纹（2007）提出本土集群"升级悖论"，从隔绝机制方面分别依托跨国公司战略的当地形成集群具有内在封闭性，本土集群企业产品技术路径升级得越快，本土产业关联与根植性弱化得越大。吕越等（2017）② 基于中国工业企业数据库、中国海关数据库和世界投入产出表合并数据分析了我国企业参与全球价值链分工体系程度达到一定水平时，进一步加大嵌入会使我国在全球价值链边际回报率下降，全球价值链嵌入和生产率是倒 U 型关系。

2.3.3　地方网络嵌入与技术升级

（1）地方网络嵌入促进技术升级

产业集聚理论代表人 Marshall 认为产业外部性包括上下游产业链、共享基础设施和劳动力蓄水池三个源泉。新制度经济学中交易成本理论指出企业在某一区域内集聚，地理上邻近性使企业之间交流更加便利和交易信息不对称性减少，节约了寻找信息的时间和成本，进而降低企业

---

① Humphrey J, Schmitz H. Governace and Upgrading: Linking Industrial Cluster and Global Value Chains Research [R]. IDS Working Paper, No. 12, Institute of Development Studies, University of Sussex, 2000: 12 – 26.
② 吕越，黄艳希，陈勇兵. 全球价值链嵌入的生产率效应：影响与机制分析 [J]. 世界经济，2017（7）：28 – 51.

交易成本。产业集聚为企业提供了学习和交流的便利,通过学习和交流可以提高企业创新能力。Bathel et al. (2002)① 指出当地生产网络的形成是由共区位企业形成地域集聚,集聚有利于区内企业之间技术交流与合作、企业与科研机构的合作,从而减少信息不对称成本,促进区域创新与发展。产业集聚可以为集体学习带来地理距离上的优势,知识经济时代使知识处于越来越重要的地位,通过地方网络集聚产生的知识溢出机制对企业的创新作用也受到各方的重视(Ponds et al.,2009)②。相关学者通过实证分析发现产业集群的核心企业更容易吸收网络知识溢出,从而增强企业创新能力(Kesidou & Snijders, 2012)③。杨皎平等(2012)探讨集群网络关系强度对集群学习宽度与深度的影响,辩证地分析地方网络嵌入与技术升级的关系。

(2)地方网络嵌入制约技术升级

近年来,有些学者开始质疑地方网络集群对企业技术升级的重要性。由于地方网络集群企业内部联系不紧密,即使生产与服务联系得再频繁也不一定能带来企业新知识吸入(Malmberg, 1996)④。Feldman (1999)⑤ 研究发现产业集群能否促进企业技术升级是由集群的产业活动类型、产业结构和产业生命周期等因素决定的。Howells (2012)指

---

① Bathelt H, Malmberg A, Maskell P. Clusters and Knowledge: Local Buzz, Global Pipelines and the Process of Knowledge Creation [J]. Progress in Human Geography, 2002, 28 (1): 31 –56.

② Ponds R, Oort F V, Frenken K. Innovation, Spillovers and University-Industry Collaboration: An Extended Knowledge Production Function Approach [J]. Papers in Evolutionary Economic Geography, 2009, 10 (2): 231 –255.

③ Kesidou E, Snijders C. External Knowledge and Innovation Performance in Clusters: Empirical Evidence from the Uruguay Software Cluster [J]. Industry & Innovation, 2012, 19 (5): 437 –457.

④ Malmberg A, Sölvell Ö, Zander I. Spatial Clustering, Local Accumulation of Knowledge and Firm Competitiveness [J]. Geografiska Annaler, 1996, 78 (2): 85 –97.

⑤ Feldman, Maryann P. The New Economics Of Innovation, Spillovers And Agglomeration: Areview Of Empirical Studies [J]. Economics of Innovation & New Technology, 1999, 8 (1): 5 –25.

出集群分为形成、成长和衰退期,在集群衰退期时,整体收益将会下降,迫使企业减少研发投入方面的费用,造成创新能力减弱,从而集群的整体竞争实力消退,集群吸引相关企业能力也下降,最终集群规模必然缩小。集群内剩下的企业不得不重新收回分工出去的工序,转而自己承担产品的所有环节。这种现象造成集群由分工协助到集中生产的逆生产过程。生产专业化水平和利润大幅度下降,进而导致企业缩减研发开支、技术升级下降和规模缩小的恶性循环的现状。集群内部产业逐渐出现"空洞化"的现象,大量的企业倒闭造成失业率上升会影响社会稳定(郑准等,2014)。

2.4 文献评述

目前国内外关于全球贸易网络与产业升级的问题已做了较多的研究,不仅提供了全球贸易网络测度方法、产业升级指标和产业演化路径实证检验,而且也对网络嵌入与技术升级的原理进行了解析,但通过文献梳理发现仍存在一些不足。

(1) 现有研究视角不足

现有研究主要集中于制造业在全球价值链中的升级研究,而对于全球贸易网络中高端制造业升级研究甚少,由于全球贸易网络不仅注重对产业组织内部因素的研究,而且还注重产业组织外部因素的研究。全球价值链主要从纵向维度研究经济组织,而全球贸易网络则从纵、横两个维度来研究经济组织,两者存在差异。

(2) 现有研究指标不足

以往的国际分工地位主要运用全球价值链地位、出口技术复杂度和制造业服务化等指数来代表产业升级的指标,鲜有文献从全球贸易网络的中心地位分析产业的分工地位,更没有多少文献从网络中心地位分析高端制造业的国际分工地位。

(3) 现有研究方法不足

目前研究网络嵌入对企业技术升级影响主要以全球或地方单一视角，缺少把全球与地方网络结合起来的双重嵌入对企业技术升级的研究，无法从全球与地方双重空间尺度动态考察高端制造业发展。并且以往大多数文献是以调查问卷和图文方式阐述网络嵌入对技术升级传导机制，缺少更加有效科学的论证方法。

第 3 章

理论分析与研究假设

一国产业在全球贸易网络中所处地位，决定了其在国际分工中的位置，企业区位选择往往会影响产业的贸易网络地位升级。因此，根据网络中心地位理论、企业区位选择理论及网络中心地位升级理论，首先，运用社会网络中心性理论分析处于网络核心地位的国家具有影响及控制能力，试图剖析中国在深度参与全球价值链分工能否提升全球贸易网络的中心地位，并提出全球价值链高嵌入不利于提升全球高端制造业贸易网络地位的研究假设。其次，基于以上研究假设，试图提出中国高端制造企业全球—地方网络双重嵌入的新模式。基于新经济地理理论的企业区位选择分析框架，阐述开放经济条件下企业地方网络集聚如何促进技术升级的理论机制，并提出相关研究假设。最后，试图加入制度因素对国际贸易引力模型进行扩展，分析制度距离对中国高端制造业全球贸易网络地位的影响，提出相应研究假设。

3.1 社会网络中心性理论

"权力"是社会学研究的重点内容之一，我们经常在社会网络中凭直觉去理解和使用这个词，但学术界却很少有严格的定义。抽象的一个人是没有权力的，但把个人放入群体中，与他人建立关系，就会产生影响并控制他人的"权力"（刘军，2007）。社会网络分析理论从"关系"角度运用定量方式界定"权力"，给出了"中心性"作为社会权力的具体形式化定义。"中心性"是社会网络理论的基本概念，也是社会网络研究中运用最多的属性之一，它表示网络节点的结构影响力，处于中心性位置的节点具有权威性，它能控制网络中信息流动的能力，从而影响其他节点的交易行为。节点在社会网络中具有什么样的权力，或者处于什么样的位置，将决定其在网络中的影响力和是否拥有快速获取信息的能力，越是处于中心位置的节点，影响力就越大。"中心性"这一思想源自弗里曼（Freeman，1979）提出的节点中心性，包括度数中心度、中间中心度和接近中心度作为社会网络分析中心性理论。

3.1.1　网络节点中心性理论分析

（1）度数中心度

如果一个行动者与很多其他行动者都有直接关联，则代表该行动者处于网络中心地位，拥有较大影响和控制他人的权力。根据与该行动者有无直接关联的点数目，分为无向图的点度数和有向图点出／入度。度数中心度是节点中心性里最简单直观的指数，一般把行动者的度数中心度分为绝对中心度和相对中心度。前者指一个行动者与其他行动者直接关联的数量，后者对前者进行标准化处理，加入关联的强度。运用绝对中心度测量存在一定局限性，其只能在同一个图的成员或同等规模的图之间进行才有意义，不同规模的图之间不具有可比性。针对这种缺陷，Freeman（1979）提出了相对中心度，即网络中实际点度数与图中最大可能的度数之比。我们知道在一个有 n 点的网络中，任何一点在网络中最大可能度数一定是 n-1，在同一类型网络中可以运用节点的相对中心度进行比较，如果网络各节点是有向的，那么节点 X 的相对度数中心度（RD[①]）为：

$$C_{RD}^{'}(X) = \frac{X\text{的点入度} + X\text{的点出度}}{2n - 2} \qquad (3-1)$$

其中 n 表示网络的节点总数量。

在全球经济一体化背景下，仅仅讨论绝对中心度已失去意义。因此，后文度数中心度指标都采用相对度数中心度进行衡量。

（2）中间中心度

即测量行动者在网络中控制资源能力的程度。如果一个行动者处于

[①] 此章 RD、RB、AP 与第 5 章 PC、BC、CC 指标相对应，分别都表示度数中心度、中间中心度、接近中心度。

很多其他行动者交往网络路径上，该行动者被认为处于网络重要地位，具有较高中间中心度，具有控制其他两个行动者交往的能力。居于该位置的行动者可以通过控制和曲解信息的传递而影响群体，其起到沟通其他行动者的桥梁作用。中间中心度由 Freeman（1979）提出，相对于度数中心度，中间中心度测量比较复杂。假设节点 j 和 k 之间可能存在多个捷径路线，此时节点 i 处于节点 j 和 k 之间的中间路径，那么节点 i 起到节点 j 和 k 的桥梁作用，运用"中间性比例"量化节点 i 的控制能力，即节点 i 的中间中心度（RB）。具体测算公式：

$$C_{RBi} = \frac{2\sum_{j}^{n}\sum_{k}^{n}b_{jk}(i)}{n^2 - 3n + 2}, \text{ 其中} j \neq k \neq i, \text{且} j < k \quad (3-2)$$

用 $b_{jk}(i) = g_{jk}(i)/g_{jk}$ 表明节点 i 国控制 j 国和 k 国之间交往的水平。其中 g_{jk} 表示 j 国和 k 国存在的捷径数目，用 $g_{jk}(i)$ 表示 j 国和 k 国经过 i 国的捷径数目。

（3）接近中心度

即测量行动者在网络中不受其他行动者控制的能力。如果一个行动者在网络中不需要通过其他行动者传递信息就可直接交往，则认为该行动者具有较高的中心度，处于网络核心位置，核心位置的行动者在网络交往过程中较少依赖其他行动者。在网络中测量一个行动者与其他行动者交往的路径距离，我们称比较短的路径为具有较高的"接近中心度"。巴乌拉斯首先提出接近中心度这个概念，之后由 G. Sabidussi 把该概念以量化的形式表达为：

$$C_{APi}^{-1} = \sum_{j=1}^{n} d_{ij} \quad (3-3)$$

其中 d_{ij} 是点 i 和 j 之间的捷径距离（即捷径中包含的线数）。

3.1.2 理论机制分析

随着经济全球化与一体化发展，众多国家都参与全球价值链分工体系，融入全球贸易网络，享受经济全球化带来的红利，但在深度参与全球价值链之后，提升一国在全球生产网络地位理论机制分析见图3.1。

一是全球价值链嵌入主要通过国际专业化分工提高生产技术来影响全球高端制造业网络地位。参与全球价值链分工推动了技术进步。由于参与国际分工要求的技术门槛比较低，越来越多的发展中国家嵌入全球价值链分工体系。发展中国家在发达国家主导的跨国公司生产网络中获取了知识，并通过发挥学习效应，可以获得快速工艺升级和产品升级，促进自身技术进步。发展中国家参与国际分工分享全球化红利，带来了技术进步（Gereffi，2012）。在全球价值链分工体系下，发展中国家的代工企业获得了发达国家的支持，技术外溢性提高了发展中国家的生产技术。中国加入全球价值链分工体系提高了本国的技术和劳动率，主要从出口产品质量要求和进口先进设备中获取（王玉燕，2014）。杨连星和罗玉辉（2017）运用行业和国家层面的数据分析中国对外直接投资的逆向技术溢出提高了国外增加值的提升，提升了在全球价值链的地位。

二是当一国在全球价值链分工体系中技术提高达到一定程度时，价值链主导国家会阻碍该国的技术进步。李翀和曲艺（2012）指出国际贸易格局的实质是发达国家支配着国际贸易并在国际贸易中获取高额的寡头垄断利润。从全球价值链分配利益来看，跨国公司为了维护垄断利益，不断约束发展中国家知识创新与产业升级。使发展中国家陷入"低端锁定"困难局面（黄先海和余骁，2017）。发展中国家的技术进步被跨国公司的分工体系所绑缚，难以自我创新（袁富华等，2016）。中国经历改革开放四十余年的发展，享受参与国际分工带来的红利，完成产业升级过程中工艺升级和产品升级，但深入参与全球价值链分工体系也阻碍中国向价值链高端迈进的步伐，发达国家掀起"制造业回流"力图将中国陷入全球价值链低端结构锁定的位置（霍春辉等，2016）。吕越等（2017）基于中国工业企业数据库、中国海关数据库和世界投入产出表合并数据分析了我国企业参与全球价值链分工体系程度达到一定水平时，进一步加大嵌入会使我国在全球价值链边际回报率下降，全球价值链嵌入和生产率是倒 U 型关系。

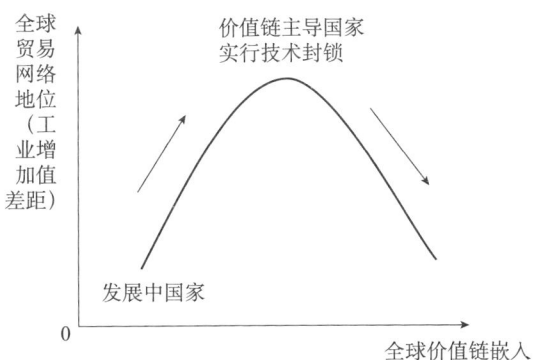

图 3.1　全球价值链嵌入与全球贸易网络地位的倒 U 型关系

三是不同的国家在高端制造业技术水平方面不一样，技术、知识、信息、资本等要素在各国发展是非均衡的，对全球高端制造业网络的地位影响也是不一样的。在现实社会网络中，各节点之间的联系可能存在冗余，冗余存在就形成了网络异质性（Burt，1992）[①]。全球高端制造业贸易网络中各国之间贸易联系中也可能存在冗余的联系，不同贸易关联的国家组成的全球高端制造业贸易网络存在异质性。如果是较高的个体网络异质性，说明贸易联系分布不平衡，主要集中在少数国家。贸易联系强度高的国家控制着信息和技术，而贸易联系强度低的国家无法直接接触到不同比较优势的贸易伙伴。贸易集中程度太高可能会导致贸易垄断利益的产生，进而影响贸易地位的平等性。陈立敏和周材荣（2017）基于 TiVA 数据库，发现中国在 58 个国家中的全球价值链嵌入程度最大，但国际分工地位却一直很低。

3.1.3　研究假设

基于以上理论机制分析，认为参与全球价值链分工促进了技术进

---

① Burt R S, Structural Holes：The Social Structure of Competition [M]. Harvard University Press，1992.

步，技术进步提高了企业生产率，从而增加了单位时间的企业产出，产出的扩大增加了进出口贸易规模。因此，全球价值链嵌入有利于全球高端制造业贸易网络地位的提升。当发展中国家参与全球价值链分工达到一定程度时会遭受发达国家的封锁，封锁导致技术进步的停滞，阻碍发展中国家在全球贸易网络地位的提升。因此，全球价值链嵌入与全球高端制造业贸易网络的中心地位演变路径呈倒 U 型。不同国家在网络中表现具有异质性，虽然有些国家具有较高的全球价值链嵌入却无法在网络中具备控制核心资源的能力。因此，提出以下 3 个研究假设。

假设 H1：全球价值链嵌入有利于全球高端制造业贸易网络地位的提升；

假设 H2：全球价值链嵌入与全球高端制造业贸易网络地位的关系是先呈正向相关后呈负向相关的倒 U 型关系；

假设 H3：全球价值链嵌入对个体贸易网络中心地位具有负向影响。

3.2　新经济地理理论分析

3.2.1　企业区位选择模型分析

从新经济地理理论分析企业地理选择与经济增长的关系。基于 Martin et al.（1999）的模型，在考虑进口贸易成本变化与外生增长对企业地理分布的影响进而对模型进行拓展（Grossman et al.，1991）[①]。

根据"冰山交易成本（τ）"概论，我们把世界分为两类国家，一

[①] Grossman G M, Helpman E. Innovation and Growth in the World Economy [M]. MIT Press, 1991.

类为发达国家,一类为发展中国家(其中各项指标带 * 为发展中国家)。一般来说,$\tau_D < \tau_M \tau_C \tau_X$,即从国内购买的成本小于国外购买的成本;其中 τ_D 表示国内贸易成本,τ_M 表示进口贸易成本,τ_X 表示出口贸易成本,τ_C 表示一般贸易基础设施成本。我们假定劳动力(L)在两国之间不能流动,资本(K)可以自由流动。并且 $\tau_D < \tau_D^*$,$L > L^*$。根据一般均衡理论,最终 $r = r^*$。

周新苗和李燕(2013)[①] 根据消费者的跨期最优化模型得出结论,无论是发达国家还是发展中国家,增长率差值为资本回报率(r)与跨期折现率(ρ)的差,在稳态条件下资源约束 B 和 B^* 保持常量时,可知发达国家的企业地理选择最优解为:

$$Q_e = \frac{Q_B \delta_D^*}{\delta_D^* - \delta_X \delta_C \delta_M^*} - \frac{(1 - Q_B)\delta_X \delta_C \delta_M^*}{\delta_D - \delta_X \delta_C \delta_M^*} \quad (3-4)$$

其中 σ 表示产品价格需求弹性,$\delta_j = \tau_j^{1-\sigma}(j = D, M, X, C)$ 在 [0,1] 取值范围内,主要衡量一国的贸易开放程度,取值越大,说明贸易开放程度越大,国际贸易成本越低。$Q_B = B/(B + B^*)$ 为总资本消耗中发达国家所占的比重。

在经济增长方面,最初发达国家拥有技术比较优势,会使更多企业集聚在该国进行多样性产品的生产,使 R&D 活动付出的成本更小(Grossman et al.,1991),技术研发 R&D 部门产生技术溢出。但如果贸易政策发生变化可能改变 R&D 工作局面,仅集中在技术升级成本较低国家(Hirose et al.,2007)。基于以上条件,可以得出两类国家的消费增长率是相同的。即在 $K = K^*$ 条件下的经济增长率公式为:

$$g = \frac{2L}{\eta} \cdot \frac{\alpha}{\sigma} Q_e - \left(\frac{\sigma - \alpha}{\sigma}\right)\rho = g(Q_e) \quad (3-5)$$

其中 η 为单位产品的研发成本,α 为消费分配的控制参数,Q_e 为从

[①] 周新苗,李燕. 贸易自由化与产业集聚:经济地理视角的理论解析 [J]. 经济经纬,2013(5):72-77.

企业地理选择参数。

在收入分配方面,由于发达国家一开始是较富裕的,所以 $K > K^*$。且每个国家的人均收入是单位劳动力收入加上资本回报收入。因此可得出一国的总收入公式为:

$$Q_B = \frac{1}{2} \cdot \frac{\sigma(\rho + g) + \alpha\rho(2Q_k - 1)}{\sigma(\rho + g)} \quad (3-6)$$

考察产业集聚与经济增长关系,因此把收入公式(3-6)代入(3-4)可得:

$$Q_e = \frac{1}{2} \left\{ \begin{array}{l} \left[\dfrac{\delta_D^*}{\delta_D^* - \delta_X \delta_C \delta_M^*} - \dfrac{\delta_X \delta_C \delta_M^*}{\delta_D - \delta_X \delta_C \delta_M^*} \right] + \\ \left[\dfrac{\delta_D^*}{\delta_D^* - \delta_X \delta_C \delta_M^*} + \dfrac{\delta_X \delta_C \delta_M^*}{\delta_D - \delta_X \delta_C \delta_M^*} \right] \cdot \dfrac{\alpha\rho(2Q_k - 1)}{\sigma(\rho + g)} \end{array} \right\}$$

$$(3-7)$$

如果发达国家改变进口贸易政策降低进口税率,降低了发展中国家商品的出口成本,使发达国家同质产品较发展中国家的产品价格过高,进而使发达国家消费者对国内产品的需求减少,提高了发达国家的消费者对发展中国家的商品的有效需求,促使发达国家的企业为减少生产成本转移到发展中国家从事生产。这样国家间产业转移会使企业获益:一方面,转移过高的国际贸易成本,由于 $\tau_D < \tau_M \tau_C \tau_X$,且 $\tau_D < \tau_D^*$,用 τ_D^* 替代 $\tau_M \tau_C \tau_X^*$,降低产品成本满足发展中国家更多的需求;另一方面,降低进口成本的发达国家,可以从增加对发展中国家产品的有效需求中获益。但国家间产业转移造成企业重新选址行为对发达国家的 R&D 会产生负向影响,从而造成经济增长率的减少(见图3.2)。因为这些企业脱离了较成熟的技术研发环境,发生了增加研发成本,从而降低 R&D,减少了发达国家的经济增长。虽然存在这种现状,但发达国家仍会有选择性地将低技术含量和低附加值的产业进行转移,从而保证它们的垄断利润,这种现象是目前我国产业在转型发展中遇到的现实瓶颈。

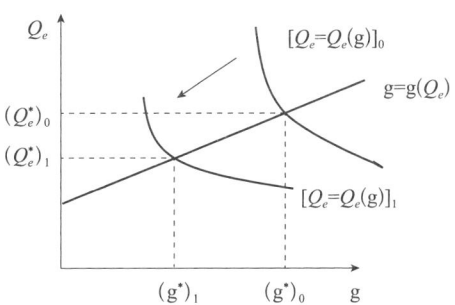

图 3.2 发展中国家贸易成本减少的情形

而发展中国家如果取消进口贸易壁垒,降低进口成本,同样发展中国家的企业将转移到发达国家。发展中国家企业也可以从中获益:一方面,国际贸易成本减少(由原来的 $\tau_M \tau_C \tau_X^*$ 变为 τ_D,我们知道 $\tau_D < \tau_M \tau_C \tau_X^*$),相对发达国家消费者而言,消费成本降低;另一方面,进口贸易壁垒的取消引致发展中国家消费者的有效需求增加。加之进入发达国家企业数量增多,会降低研发成本,促进发展中国家经济增长,此时的经济增长为正向影响(见图3.3),进而缩小两类国家的收入差距。

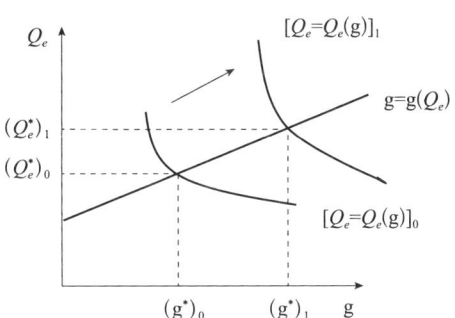

图 3.3 发达国家贸易成本减少的情形

3.2.2 理论机制分析

(1) 开放条件下地方网络集聚机制

经济全球化时代,全球市场开放和信息技术应用相结合,企业在世界范围内建立了专业化生产体系。国际贸易和对外投资的融合奠定了全球贸易体系的基础。有关学者认为"国际贸易理论是充分考虑了影响定价的空间因素的一般区位理论",国际贸易理论应该与产业区位理论结合,才能更好地分析全球与地方的贸易模式和地方产业区位(Ohlin,1933)。还有学者认为贸易理论与区位理论实为"同一硬币的两面"(Isard & Tiebout, 1956)[①]。从国际贸易理论的演进来看,主要是理论中的假设前提和理论出发点不同,新古典贸易理论建立在完全竞争和规模报酬不变的假设前提下,而新贸易理论是在垄断竞争和规模报酬递增的假设前提下提出的理论框架,古典区位理论同样包括区位的空间均质性与非均质性假定。不仅强调地方网络集聚形成的外部因素,即要素禀赋形成空间差异性产生的地方网络集聚,而且强调地方网络集聚形成的内部因素,即面对不完全竞争市场与企业规模报酬递增也会自主形成地方网络集聚。在古典区位理论的基础上吸收贸易理论中的规模经济和市场需求,同时纳入空间因素,并结合贸易与区位理论形成了新经济地理学理论,新国际贸易理论与新经济地理理论都是从要素禀赋特征差异的外生力量,转向由规模经济、贸易成本和专业化经济的内生力量来分析贸易与集聚产生的原因。专业化与分工把贸易与区位理论有效结合起来,国际分工进一步对国际贸易进行补充说明,区域分工则产生了地方网络空间集聚。相互促进的专业化与分工形成了内部与外部规模经济相结合的新经济地理理论分析框架。

国际贸易改变了原来封闭的市场,让一国产生国外需求与供给,国外市场扩充了国内的市场范围,扩大了国内专业化生产与分工,从而催生区位规模经济与外部性,这是地方网络集聚形成的重要因素。产业集聚形成的过程概括为:第一,市场范围的扩大深化国内分工。根据亚

[①] Isard W, Tiebout C M. Location and Space Economy: A General Theory Relating to Industrial Location, Market Areas, Land Use, Trade, and Urban Structure [J]. Journal of Political Economy, 1956, 65 (5): 455.

当·斯密定理来看，分工的广度由市场中企业的交换能力决定，而分工深度由市场规模的大小决定，分工深化是集聚产生规模经济的重要因素。国际贸易扩张了市场范围，为国内分工提供现实的土壤，市场为分工提供了外在条件与环境，使一国国内分工得以在空间上深化生产与再生产。在分工演进过程中，不断提升专业化生产水平和延伸分工价值链条。形成了一个上下游关联的复杂网络，提高了生产效率和分工利益，扩大了市场范围，不断循环往复的过程促进分工升级。因此，我们认为分工具有自循环升级机制。分工利益的空间安排是由产业集聚来实现的，市场范围不断扩大，促使分工不断深化，产业地理集聚可以减少交易成本，提高专业化生产效率。分工的深化会带来分工细化，分工的细化会面临专业化和多样化的矛盾，而地方产业集聚的空间组织形态可以包容专业化与多样化经济的现象，产业集聚进一步促进规模报酬递增，这种分工的自我循环升级机制又进一步推动产业集聚自我强化的功能。第二，市场需求的扩大推动规模报酬递增。国际贸易使市场需求扩大，需求拉动会进一步加大企业对生产的投入，为了提高产量企业会不断扩大规模，以获取规模效应。这时，企业生产中平均成本曲线会下移，形成了企业内部静态规模经济。企业规模扩大促进了产、销、管的效率，进而扩大整体产业规模和扩张城市间集聚，企业生产中的总平均成本曲线发生下移现象，形成了企业外部动态规模经济。企业的内部和外部规模经济可以由空间产业地理集聚得以实现，外部规模经济，吸引了更多的要素流入集聚地，使企业共享这些相互联系的投入要素，增加企业之间经济联系，使区域内企业竞争与合作并存。同类厂商集聚可以增加产品的数量，同类型的厂商集聚可以增加产品的种类，这种集聚产生规模经济。第三，市场规模扩大加强产业专业化生产的优势。根据要素禀赋（H-O）理论，一国起初的比较优势往往来源于国家的要素禀赋优势，并且通过对外贸易进一步加强其从事具有比较优势的专业化生产，于是生产空间分布会趋向那些优势企业所在的区域集聚。劳动力要素禀赋是中国很长时期的资源优势，改革开放初期是以劳动密集型产品打开国际市场。在需求拉动下，中国形成了以服装、玩具和电子配件类为典型产业的集聚。由于分工过程中产生的规模经济带来的产品比较优势具有动态和内生的特征，扩大的市场规模推动产业分工的深化，专业化生产进一步提升了产品的比较优势。产业空间地理集聚有效实现了专业化分工带来的规模经济效应，使产品从静态转为动态的比较优势。为了使产品更具国际竞争力，企业必须提升产品的生产率，实现效率生产带动需求扩张的循环推进。地方产业集聚的外部性有效吸引了与区域相关联的企业加入，区域内企业可以从集聚地获取内部与外部规模效应。而区域外孤立的企业难以取得集聚地的溢出效应，生产效率无法提升，适应国际市场的竞争能力下降，就会逐渐被集聚地企业取代。图3.4展现了开放条件下地方网络集聚机制。

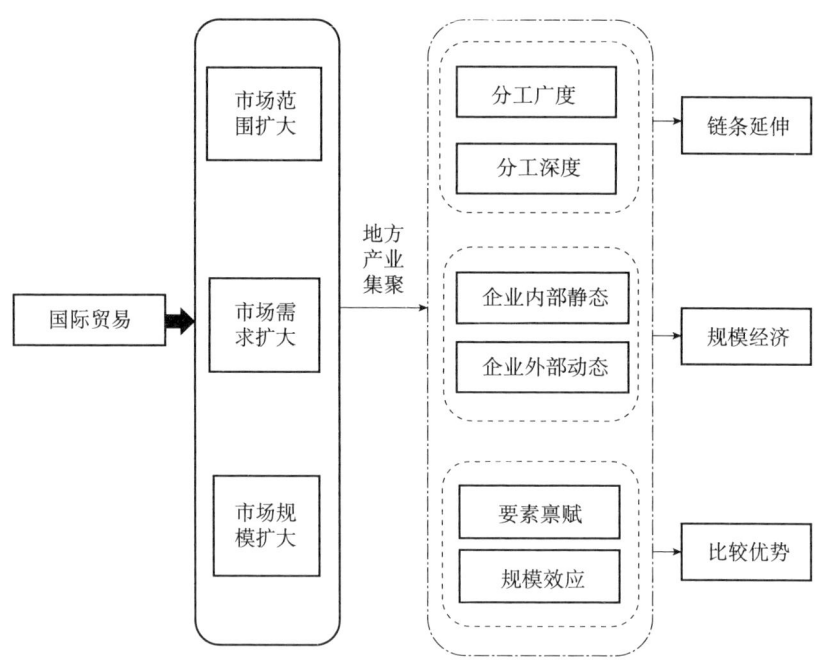

图3.4　开放条件下地方网络集聚机制

（2）地方网络集聚下生产性服务要素整合机制

产业集聚是指同一产业在某个特定地理空间高度集中，产业资源要素在空间不断汇聚的一个过程。马歇尔（1920）提出了产业集聚的概念，指出企业间集聚通过中间产品、劳动力市场共享、知识溢出、规模经济和贸易运输成本产生外部经济并提高产品竞争力[①]。

国内外学者研究制造业与生产性服务化的关系，主要分为制造业主导需求论、生产性服务业供应论和互相融合论。Guerrieri 和 Meliciani（2003）认为制造业是生产性服务业发展的基础和前提；Eswaran 和 Kotwal（2001）[②] 认为生产性服务业是制造业得以提高的基础和前提；Preisssl（2007）认为两者之间不是简单的因果关系，而是一种相互融合的互动关系。主要从需求论视角阐述产业集聚下生产性服务要素整合机制。生产性服务业最早由 Fritz Machlup（1962）在《美国的知识生产与分配》一书中提出的，他指出生产性服务业是进行知识生产的行业。Greenfield（1966）[③] 指出生产性服务业具有"中间产品"特征，主要面向生产企业而非消费者提供中间服务的。

产业集聚下生产性服务要素整合机制主要从以下几个方面来分析，如图3.5所示。第一，分工理论。市场规模的扩大形成了产业集聚和促进了集聚区企业生产链的延伸，从而增加了企业对中间服务的需求。根据生产性服务业中间产品特征，这种需求吸引了生产性服务要素在集聚区内的融合，降低了企业各个环节的交易成本，提高了企业的生产率，深化了分工程度。第二，价值链理论。产业集聚区内企业的设计、生产、销售和配送的环节需要大量的服务要素注入，可以有效地整合集聚区企业集体活动，生产性服务要素积极流入集聚区获取收益，企业也通过生产性服务要素的投入，不断地减少生产成本和贸易成本。生产性服务要素的有效整合可以提高集聚区内上下游企业链条的延伸，提升产品

---

① Marshall A. Principles of Economics [M]. Mac Millan, 1920: 68-82.
② Eswaran M, Kotwal A. The Role of the Service Sector in the Process of Industrialization [J]. Journal of Development Economics, 2002, 68 (2): 401-420.
③ Greenfield H I. Manpower and the Growth of Producer Services. [J]. Economic Development, 1966: 163.

的国际竞争力。第三，需求拉动理论。产业集聚的区域由于存在较多的生产型企业，对生产性服务业的需求规模更大。在市场需求拉动下，具有"中间产品"特点的生产服务要素可以降低交易成本，提高企业的经济利益。因此，产业集聚下可以不断吸引生产性服务要素流入，然后根据分工中产生的内部与外部经济效益，有效促进产业集聚与生产性服务业融合发展。

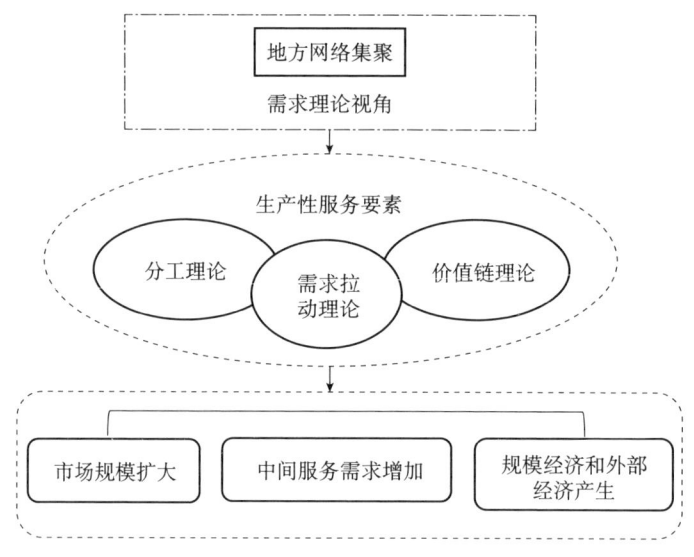

图 3.5 地方网络集聚下生产性服务要素整合机制

(3) 生产性服务要素投入下技术升级机制

Guerrieri 和 Meliciani（2003）认为生产性服务要素投入推动技术升级主要是通过改变企业人力资本、组织能力及研发创新等资源配置，企业有效地配置可以推动企业生产率的提升。当前全球经济格局正发生改变，中国经济进入新常态，传统劳动要素驱动力在市场中作用不断减弱，以前的粗放型增长方式已难适应新时代中国市场的发展。因此，创新成为新时代下经济发展的第一驱动力。制定以创新为新引擎的经济发展政策，构建创新体制是适应中国经济转型升级的首要问题。生产服务要素与企业技术升级密切相关。

毕勋磊（2011）指出技术升级主要由创新动力和创新能力构成，两者之间是相互作用的。根据组织行为学理论，企业的行为主体包括三个层次，分别为组织、群体和个体。不同层次的主体表现出创新需求是不一样的，其中，组织层表现出利润最大化的需求，群体表现出拥有比较竞争优势的需求。个体表现出满足心理和保护职位的需求。在市场竞争压力推动下各层次创新需求就会转移为创新行为，所以创新动力是企业创新行为的根源和基础。当企业面临强大市场压力时，企业根据市场的需求配备相应的人力资本和科技信息的核心资源，创新需求和创新资源在相互作用下推动企业的创新行为，而创新能力是企业创新行为得以实现的保障。

由于产业集聚可以吸引服务要素流入，生产性服务要素使企业与科研机构、大学院校形成有效的结合，促进产业集群的集体学习、知识流动与创新，从而加快企业技术成果转化的速度。技术升级主要从技术升级动力和技术升级能力两个维度阐述生产服务要素下技术升级转化机制。第一，生产性服务要素投入会推动企业的技术升级动力。集群内流入生产服务要素，像物流配送、网络信息平台、金融机构、中介机构等都可以有效整合各项资源，使资源配置效率提升，从而降低企业的生产和运营成本，提高企业的营业利润，盈利提升会提高集群内企业的创新动力。其行为表现为集群内产品研发设计通过网络信息平台减少信息成本，通过金融机构减少融资成本，通过成果转化平台加强成果转化速度，产品制造生产通过物流配送减少交易成本，通过中介机构减少隐性成本，让企业在更短的时间内将知识转化为效益。同时在产品售后过程加大生产性服务要素投入，提高产品的差异化，增加产品的竞争优势，进而提升企业的营业纯利润，利润提升促进企业科技人才的积累，企业内部原有的技术升级个体为了保护自己职位，会减少工作惰性、提升工作激情，并持续保持创新动力。第二，生产性服务要素投入会推动企业的技术升级能力。生产性服务化要素投入可以有效提高企业生产技术、创新能力和优化产业结构。产品的研发、设计、生产和售后环节投入大量的服务要素，可以促进生产向核心环节延伸，提升产品价值链的位置，实现产业升级。有关学者剖析了生产性服务业促进产业结构优化的机理，加深产业的专业化分工，推进生产性服务要素和产业空间协同定位，推动产业的知识化渗入和竞争力提升，加快产业向高技术含量和高附加值转型升级（刘志彪，2006）。生产性服务要素投入加快集群内企业间知识技术的学习和吸收，提升企业自主创新的能力，在研发能力提升条件下加强企业竞争能力。生产服务要素投入加大了技术升级所需的资金和基础设施建设投入，在技术升级需求旺盛的动力下提升企业技术升级能力，进而实现企业的技术升级。

集群企业为了追求更大的创新能力，往往通过有效整合生产服务要素来推动企业实现技术升级，图3.6展现了生产服务要素注入下技术升级机制。集群内企业在服务要素流入下能够更加有效地整合资源，提升企业利润，盈利增加有利于提高企业的创新动力，同时准备创新所需的人才、资金、物质和信息等资源。同时生产服务要素的流入促进知识流动与扩散，增加了企业的创新能力。企业通过搭建网络沟通平台、技术转化平台、风险投资平台和科研孵化平台促进集群知识流动、技术扩散、成果转化和产品创新，从而使集群内知识流、物质流、信息流和资金流得到有效传播，提高了集群内各创新主体的互联互通，进而促进了整体集群的技术升级，打造集群的自主品牌。

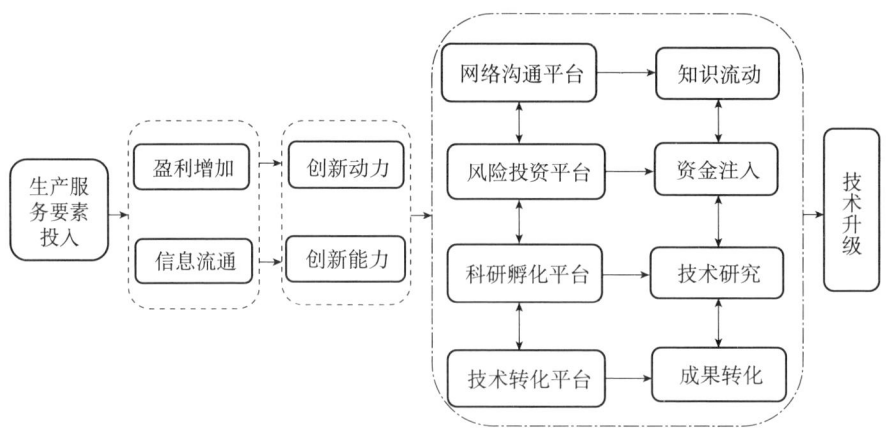

图 3.6　生产性服务要素投入与技术升级机制

3.2.3　研究假设

全球贸易网络嵌入增加了进出口企业的数量，扩大了企业参与国际分工的规模并提升了生产技术。以创新驱动为主的高端制造企业又是如何通过全球—地方网络双重嵌入来提升生产率并进行产业升级？第一，开放经济下促进本土化制造业集聚的形成。贸易自由化促进了国家间生产要素的自由流动，成为产业集聚的前提条件。Krugman（1991）[1] 结合新贸易理论和新经济地理学分析了本地市场效应，由于产业存在规模报酬和运输成本，生产要素的流动促成相对较大的本土市场需求地成为产业的集聚地。第二，制造业集聚促进了生产性服务化集聚，从而提升了制造业服务化率。邱灵和方创琳（2013）[2] 通过生产性服务业的空间集聚特征发现制造业集聚有利于生产性服务业的空间集聚，两者互动发展需要培育制造业集聚地的上下游合作。由于嵌入产业集聚的企业在监督和信息等方面要优于非集聚企业，有利于降低企业与银行之间的信息不对称性问题，从而更容易获取银行的融资，提高银行资金的合理配置效率和信贷优质率（von Ehrlic & Seidel，2011）。第三，制造业服务化提高了企业研发密度。Grossman 和 Hansberg 把服务要素引入 C—D 生产函数发现，服务要素加入降低了企业生产成本，提升了企业生产率。Oliva 和 Kallenber 的研究又进一步证明了如果把服务整合到生产中，提升制造业服务化率会为企业带来更加稳定的营利收入。同时制造业服务化率高的企业具有更强大的研究创新能力、更完善的营销服务网络和更敏锐的信息搜集能力。第四，企业研发密度增加了创新产出。创新理论奠基人熊彼特认为拥有创新精神的企业家会把更多的资源投入产品创新

---

[1]　Kurgman P. Increasing Returns and Economic Geography [J]. Journal of Political Economy, 1991 (99): 483 – 499.
[2]　邱灵，方创琳. 北京市生产性服务业空间集聚综合测度 [J]. 地理研究, 2013 (1): 99 – 110.

与提高产品生产率方面。创新与技术进步成为企业的核心竞争力,从而提高企业的转型升级,为产业升级积蓄力量(Cantwell & Tolentino,1990)①。企业加大研发投入和行为会生产出更多新产品,增加产品差异化和产品种类(Nguyen & Parsons,2009)。钱学锋等(2011)② 研究发现如果企业具有更大的资本密度和研发密度,全要素生产率会显著地提高。第五,不同企业产权与不同区域的企业对技术升级具有异质性。任保全和董也琳(2016)在分地区回归分析中发现东部地区技术升级促进了出口,而在中西部由于存在本土市场效应,技术升级没有促进出口;进一步分产权性质回归发现技术升级总体上提高了国有和非国有的出口,但非国有企业对国有企业出口驱动力更大。不同产权性质和不同区域的企业对技术升级动力有着不同的影响,各地政府应根据自身情况加强政府支持力度(范德成和宋志龙,2018)。

基于以上分析,认为贸易自由化产生国外需求与供给,促使更多企业从事高端制造,国外市场扩充了国内的市场范围,为实现规模经济催生地方网络集聚形成。为了履行领导企业标准及要求,在生产过程引入更多服务要素,服务要素投入增加企业的销售净利润,具有创新驱动的高端制造企业会把更多的利润投入研发,增强企业研发密度,生产出更新产品并提高全要素生产率,从而实现产业升级。中国高端制造企业分别属于不同产权性质的企业,且分布在不同区域,异质性促使企业的双重网络嵌入对技术升级的传导机制是有差异的。因此,提出以下3个研究假设。

假设H4:嵌入全球贸易网络对地方网络集聚形成具有正向影响;

假设H5:双重网络嵌入有利于企业的技术升级;

假设H6:制造业服务化是双重网络嵌入与技术升级相关关系的中介。

---

① Cantwell J, Tolentino P E. Technological Accumulation and Third World Multinationals [R]. Berkshire:International Investment and Business Studies,1990:11-18.
② 钱学锋,王胜,黄云湖,等. 进口种类与我国制造业全要素生产率[J]. 世界经济,2011(5):3-25.

3.3　网络地位升级理论分析

从社会网络理论节点中心性概念可知,网络中某一节点与其他节点交往数目越多,交往强度越大,该节点度数中心度就越高;该节点处于许多其他节点的交往路径上,控制能力越强,该节点中间中心度就越高;该节点与许多其他节点直接交往路径越短,该节点接近中心度就越高。从全球来看,各国形成的纵横交错的贸易行为形成了全球贸易网络,当一国与他国能够形成直接贸易交往,贸易规模越大,且该国处于很多国家贸易交往路径上,与很多国家贸易交往路径越短,说明该国在全球贸易网络的度数中心度和接近中心度就越高;提高一国与他国中间产品贸易量,增强该国在他国的国外增加值占比,可以提升该国产业在全球价值链的地位,该国的网络控制能力就越强,中间中心度就越高。由此分析可知,当一国与他国不经过第三国就能直接形成贸易交往,并且中间产品贸易量越大,产生的单位中间产品国外增加值越多,则该国在全球贸易网络中心地位就越高。因此,基于国际贸易引力模型分析一国的全球贸易网络地位升级的影响因素。

3.3.1　引力模型分析与扩展

引力方程最早是由 Tinbergen 在 1962 年提出,他认为两国之间的双边贸易额与 GDP 的乘积成正比,GDP 总量较大的国家贸易量也会更大,并且经济发展水平接近的国家间的贸易更加频繁[1]。这个方程建立在自

---

[1] Tinbergen J. An Analysis of World Trade Flows in Shaping the World Economy. Edited by Jan Tinbergen [M]. Twentieth Century Fund, 1962: 35-58.

由贸易和所有国家具有相同价格的前提下,且没有考虑关税和运输成本。其用公式表示为:

$$\sum_k X_k^{ij} + \sum_k X_k^{ji} = \left(\frac{2}{Y^w}\right) Y^i Y^j \qquad (3-8)$$

其中 $i, j = 1, \cdots, C$ 表示国家,$k = 1, \cdots, N$ 表示产品,X_k^{ij} 表示国家 i 出口至国家 j 的产品 k 的总量;Y^i 表示 i 国的 GDP 总量。Y^w 表示世界 GDP 总量。Helpman(1987)运用引力方程,从国家经济规模差别上用一组 OECD 国家的数据来验证经济水平相近的国家比经济水平相远的国家间的贸易量要更大。

McCallum(1995)[①] 加入地理距离变量对模型进行扩展,发现加拿大省际贸易远远大于跨境贸易,可能阻碍美国和加拿大之间贸易的是"边界效应"因素。随后引入贸易壁垒(即运输成本或关税)来重新推导引力方程,这意味着不同国家的价格将会是不同的,因此,采用 CES 形式,假定一个效用函数,引力模型在使用价格指数进行拓展:

$$X^{ij} = \frac{Y^i Y^j}{p^{i\sigma} \bar{y}} \left(\frac{T^{ij}}{P^j}\right)^{1-\sigma} \qquad (3-9)$$

其中,T^{ij} 表示关税和运输成本,p^{ij} 指国家 i 出口到国家 j 的价格,当价格和贸易成本关系模型化为 $p^{ij} = T^{ij} p^i$,其中 $T^{ij} \geq 1$,表明 i 国为了运达一单位产品到国家 j 必须要装运 T^{ij} 单位的产品,数量为($T^{ij} - 1$)的货物在路上"融化"了,这个构思被称为"冰山"运输成本,由 Samuelson(1992)引入的,P^j 表示国家 j 的整体价格指数。

公式(3-9)中的 $Y^i Y^j$ 项可以分解为 $(Y^i + Y^j)^2 (s^i s^j)$,其中 s^i 和 s^j 分别表示 i 国和 j 国的 GDP 占它们 GDP 和的比重,$s^i s^j$ 表示相对国家规模。因此,公式(3-9)取对数可以改写为:

[①] McCallum J. National Borders Matter: Canada-U. S. Regional Trade Patterns [J]. American Economic Review, 1995, 85 (3): 615-623.

$$\Delta \ln X^{ij} = 2\Delta\ln(Y^i + Y^j) + \Delta\ln(s^i s^j) + (1-\sigma) \quad (3-10)$$
$$\Delta \ln T^{ij} - \sigma\Delta\ln p^i + (\sigma - 1)\Delta \ln P^j$$

由于公式（3-10）仅从 GDP 之和、关税、运输成本和相对国家规模来解释所有的贸易增长，无法全面反映引力方程边界效应，对一国跨境交易产生影响可能还包含制度因素，相对于一国的全球贸易网络地位，该国出口到他国的中间产品，在他国产生增加值更能解释全球贸易网络地位。因此，试图将模型进一步扩展为：

$$X^{ij} = \frac{Y^i Y^j}{p^{i\sigma} \bar{y}} \left(\frac{T^{ij}}{P^j S^{ij}}\right)^{1-\sigma} \quad (3-11)$$

其中 S^{ij} 代表制度因素，于是引力模型扩展为：

$$\ln X_{ij} = \beta_0 + \beta_1 \ln S_{ij} + \beta_2 \ln Y_{ij} + \beta_3 \ln T_{ij} + \beta_4 \ln P_j + \varphi_{ij} \quad (3-12)$$

X_{ij} 表示 i 国出口到 j 国的中间产品，j 国产生 i 国的增加值，Y 表示一国的 GDP，S 表示制度因素，T 表示运输成本和关税。在原有引力模型基础上进行扩展分析影响中国高端制造业在全球贸易网络地位的因素。

3.3.2 理论机制分析

国内外学者认为影响一国全球贸易网络地位的因素很多，既包括网络内在因素，也包括网络外部因素，本书主要分析经济发展水平、地理距离、制度和文化为关键因素影响全球贸易网络地位，可见图 3.7。

一是经济因素。贸易是经济活动中最传统的一种方式。早期亚当·斯密的"绝对优势"和大卫·李嘉图的"比较优势"理论都认为贸易带来的国际分工促进各国的经济增长，增加了全球总福利。早期的贸易是一种纯粹自由经济行业，极少受到国家权力的限制，形成从生产、交换到供给、消费国家间和地区间畅通互惠活动（布罗代尔，1995）。Robertson（1938）认为在 19 世纪贸易是西方国家经济增长的"引擎"。

国际分工是国际贸易的基础，各国通过国际贸易分享全球经济发展的红利，特别是发展中国家已把对外贸易作为经济增长的重要途径（Berg & Taylor, 2001）。在互联网、交通等技术推动下，全球贸易网络参与主体的数量不断扩大，网络结构向流动性、多极化和扁平化演化发展，经济技术带来的外部性效应将进一步提升全球生产网络的整体运行效率（张锡嘏，1989）。进入 21 世纪，全球产业间分工转向产品内分工的新国际分工体系，分布在多国和多区域的跨国公司以产品内分工构建全球生产网络，以中间产品贸易为主的生产网络逐步形成，国际贸易模式在全球贸易网络深化过程中发生改变，像东亚地区早期的"三角贸易模式"转向"新三角贸易模式"（彭支伟，2009）。

二是地理因素。贸易是在特定地理空间发生的"流通"的经济活动。经济发展水平相近的国家之间贸易交往更加频繁，但贸易交往中存在贸易成本，成本大小决定贸易行为。其中，地理距离就是贸易成本产生的主要原因。地理因素作为贸易活动重要影响因素正是由于地理位置造成运输成本的差异。早期亚当·斯密在古典经济学理论就强调地理因素是影响贸易的重要因素。在经济全球化下，Cairncross（1997）提出了"距离消亡论"，交通、通信技术的发展使地理距离被弱化。在较长的时期内地理因素被主流经济学边缘化，但藤田、克鲁格曼等（2011）提出了新经济地理学理论，把空间与区位因素引入贸易研究主要领域，指出两国间地理邻近是两国参与国际分工的重要影响因素。产业空间集聚显著正向地影响贸易活动。我国东部沿海的纺织业贸易活动受空间距离的影响，距离越远越会阻碍两区域间的贸易活动（杨丹萍，2009）。尽管现代交通技术不断提升，但运输成本仍占商品价格的 10% 左右，在经济水平和区位条件落后的内陆国家这一比例可达近 20%。而且，Lindberg（2009）通过测算发现技术进步并没有减少运输成本。

三是制度与文化因素。国际贸易学说除了包括经济学理论要素外，还有制度与地缘文化要素。Grossman 和 Maggi（2000）①指出贸易成本上升不能只用运输成本来解释，可能还存在制度与文化差异对贸易成本的影响。Rauch 和 Trindade（2002）研究发现拥有共同语言和文化的国家可以减少国际贸易的信息壁垒，他们根据移民数据，证实了华人关系网可以起到克服全球有华人分布国家间贸易信息成本。文化相近的国家贸易更加频繁，而文化差异的国家间需求偏好也存在差异，进而负向影响国家间双边贸易（Felbermayr，2010）。许和连等（2015）选取政治效能、腐败控制和政府清廉度作为制度因素引入模型，进一步考察制度质量差异对全球高端制造业贸易交往行为的影响，通过实证检验发现三种制度因素都对高端制造业贸易行为具有重要的影响。而且若一国政治制度环境较好，能够减少合约不完全性造成的道德风险，参与国际分工的企业对合约的依赖性较强，因此制度质量高的国家有利于提高该类企业的生产率，提升这些企业的国际分工地位（Costinot，2005）。国内学者王开等（2013）从复杂网络角度对全球 FTA 的形成机制进行研究，结果发现除传统的地理和经济因素外，FTA 的网络结构特征也是其形成与演化的重要原因，而且加入制度、语言和历史文化等因素进行敏感性分析，证实模型的结果非常稳健。

四是技术因素间接效应。Tebaldi 和 Elmslie（2013）②认为良好的政治制度环境有利于知识产权的保护，较好的知识产权保护环境会促进研究人员之间的研发合作、知识与技术的传播，在创新过程中不确定性因素减少，进而促进企业技术开发与应用。Acemoglu et al.（2007）研究了企业在不完全契约下如何进行技术选择和技术互补的问题，发现较好的制度环境能够促进对合约质量要求较高的中间产品供应商改进技

---

① Grossman G M, Maggi G. Diversity and Trade [J]. CEPR Discussion Papers, 2000, 90（5）: 1255-1275.
② Tebaldi E, Elmslie B. Does Institutional Quality Impact Innovation? Evidence from Cross-Country Patent Grant Data [J]. Applied Economics, Taylor and Francis Journals, 2013, 45（7）: 887-900.

术,提高生产效率。国内相关学者也分别从政府职能定位、金融制度环境和政府干预方面分析对技术创新的影响,结果表明这些政治制度对技术创新具有显著的积极作用(杨飞,2013[①];侯晓辉等,2012[②];张中元和赵国庆,2012[③])。

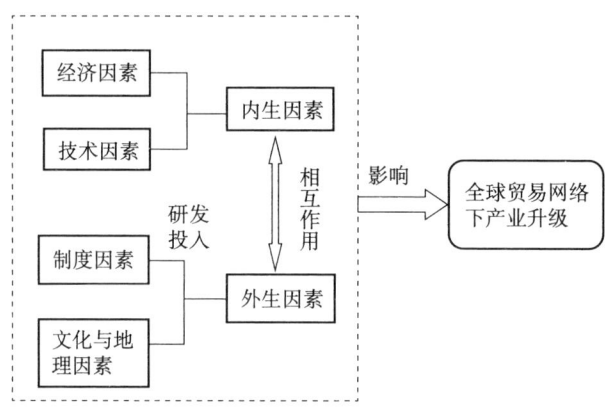

图 3.7　影响全球贸易网络地位升级因素

3.3.3　研究假设

基于以上理论机制分析,认为一国缩小与他国制度距离,建立良好政治制度环境,能够吸引更多国家与该国形成投资与贸易行为,增强该国与他国直接贸易交往能力,提高中间产品的出口量,扩大贸易增加值,从而推动该国在全球高端制造业贸易网络地位的提升。良好的政治制度环境有利于促进该国从事技术研发与合作,从而提高生产效率,在生产率提高过程中不断提升该国在全球高端制造业贸易网络中心地位,

---

① 杨飞. 制度质量与技术创新——基于中国 1997—2009 年制造业数据的分析 [J]. 产业经济研究,2013 (5): 93 - 103.
② 侯晓辉,王青,冯宗宪. 金融生态与中国工业企业的技术创新能力 [J]. 产业经济研究,2012 (3): 59 - 79.
③ 张中元,赵国庆. FDI、环境规制与技术进步——基于中国省级数据的实证分析 [J]. 数量经济技术经济研究,2012 (4): 19 - 32.

因此提出以下 2 个假设。

假设 H7：一国与他国制度距离越小越有利于提升该国全球贸易网络中心地位；

假设 H8：技术距离是制度距离与全球贸易网络中心地位相关关系的调节。

3.4 小结

在此介绍研究所需的理论、模型和研究假设，包括社会网络中心性理论、新经济地理理论中企业区位自选择模型和国际贸易的扩展引力模型。

（1）社会网络中心性理论

通过社会网络中心性理论可知，一国要提升全球贸易网络中心地位，就应在网络中具有影响与控制其他国家的能力。试图剖析深度参与全球价值链是否能带来全球贸易网络地位提升，提出了参与全球价值链分工促进技术进步，总体上有利于全球贸易网络地位的提升的假设。但一国参与价值链分工达到一定程度时会遭受领导国家技术进步的封锁，阻碍一国的全球贸易网格地位的提升。因此，提出全球价值链嵌入与全球高端制造业贸易网络的中心地位演变路径可能呈倒 U 型的研究假设。

（2）企业区位自选择模型

从新经济地理理论框架分析企业地理选择与经济增长的关系。在 Martin 的模型基础上考虑进口贸易成本变化与外生增长的影响下对企业地理分布的影响，同时对模型进行拓展，分析企业嵌入全球贸易网络与地方网络下技术升级理论机制。根据上述存在的问题试图探索全球—地方网络双重嵌入企业能否提升企业的技术升级。提出嵌入全球网络促进地方网络集聚，地方网络集聚促进制造业服务化，制造业服务化促进创新密度，创新密度促进技术升级的研究假设。

（3）国际贸易的扩展引力模型

通过网络地位升级理论可知，促进一国与他国直接贸易交往能力，提高中间产品的出口量，可以提升该国的全球贸易网络地位。因此，在借助引力模型分析框架上，对模型进一步扩展，加入制度因素，展开全球贸易网络地位的影响因素分析。提出一国缩小与他国制度距离有利于促进一国的全球高端制造业贸易网络中心地位，制度因素可能通过技术因素对全球高端制造业贸易网络地位产生影响的研究假设。

第 4 章

中国高端制造业全球贸易网络特征和地位测度

全球经济低迷、复苏乏力,各经济发达体纷纷掀起了再工业化浪潮,全球制造业发展呈现出"全球化"和"逆全球化"、"再工业化"与"去工业化"的显著特征,两股力量相互冲突博弈,全球制造业的地域网络分布和竞争网络格局正发生巨大的改变。在世界格局错综复杂的局面下,运用社会网络分析法更能从全局视角判断中国高端制造业的国际分工地位,从网络视角分析全球主要国家的高端制造业的贸易交往分布、交往密度、贸易中心地位。基于社会网络分析法,根据 UN Comtrade 和 UNstats 数据库匹配出 OECD 认定的五类高端制造行业的进出口贸易额,同时根据 WIOD 数据库测算出增加值贸易,基于传统贸易数据和增加值贸易数据利用社会网络分析法分别测算 2002 年、2006年、2010 年、2014 年的 42 个国家高端制造业"拓扑结构图、密度、互惠性、凝聚力、距离、中心性与异质性"指标,试图分析中国高端制造业在全球贸易网络的特征和地位,并对两组数据测算出来的不同结果进行对比分析。

4.1 高端制造业网络模型与指标说明

4.1.1 网络模型

经济全球化背景下国家之间的贸易联系形成了相互依赖、相互作用和相互影响的贸易格局,发达国家经贸合作代表了全球经济发展趋势,特别是在高端制造业合作领域代表了世界工业制造业领先技术。根据OECD 认定的五类高端制造业〔包括药品、医药化学剂和植物药材制造(2423);办公室、会计和计算机机械制造(30);无线电、电视和通信设备与装置制造(32);医疗器械、精密仪器和光学仪器制造(33);

飞机和航天器制造（3530）］，从世界范围内选取与 WIOD 数据库匹配 42 个国家①构成局域贸易网络，测算中国高端制造业在全球贸易网络的特征和地位。根据社会网络的描述方法，用向量 $V_i = [v_i](i = 1,2,\cdots,n)$ 代表出口国，用向量 $V_j = [v_j](j = 1,2,\cdots,n)$ 来代表进口国。用邻接矩阵 $A = [a_{i,j}](i = 1,2,\cdots,n, j = 1,2,\cdots,n)$ 表示两国之间贸易关系；用权重矩阵 $W = [w_{i,j}](i = 1,2,\cdots,n, j = 1,2,\cdots,n)$ 来表示 V_i 国对 V_j 国出口贸易量，当两国报告的进出口额存在差异时，取 $W_{i,j} = 1/2(export_i + import_{i,j})$ 代表两国的权重。根据复杂网络的参数设定方法，当 $w_{i,j} > 0$ 时 $a_{i,j} > 0$，当 $w_{i,j} = 0$ 时 $a_{i,j} = 0$。V_i、V_j、A、W 共同构成 42 个国家的高端制造业网络，表示为 $G = (V_i, V_j, A, W)$。

4.1.2 指标说明

根据社会网络分析法，测算该区域国家的高端制造业网络"拓扑结构图、密度、互惠性、凝聚力、距离、中心性与异质性"的指标。

（1）整体网络结构特征

①网络拓扑结构。网络拓扑结构主要分析网络分布形态。测度网络内各国之间贸易交往程度与集聚程度。

②网络密度与网络互惠性。网络密度表示网络的疏密程度，密度越大，说明网络中各国之间联系越紧密。其测算公式为：

$$D = \frac{M}{N(N-1)} \quad (4-1)$$

---

① WIOD 数据由澳大利亚、奥地利、比利时、保加利亚、巴西、加拿大、瑞士、中国、塞浦路斯、捷克、德国、丹麦、西班牙、爱沙尼亚、芬兰、法国、英国、希腊、克罗地亚、匈牙利、印度尼西亚、印度、爱尔兰、意大利、日本、韩国、立陶宛、卢森堡、拉脱维亚、墨西哥、马耳他、荷兰、挪威、波兰、葡萄牙、罗马尼亚、俄罗斯、斯洛伐克、斯洛文尼亚、瑞典、土耳其、中国台湾、美国 43 个国家和地区组成，由于坚持一个中国立场，把中国台湾地区剔除剩下 42 个国家。

其中 M 表示网络中有贸易往来的国家数量（实际贸易关系数），N 为网络中所有国家数量（最大贸易关系数）。网络密度衡量指标为"网络中的实际贸易关系数"与"网络中理论上的最大贸易关系数"的比值；互惠性衡量指标是"网络中具有进出口双向贸易流的连线数"与"网络中总连接线数"的比值。两者取值都是介于 0 和 1 之间。整体网络联系紧密不仅可以为各节点提供丰富的社会资源，同时联系紧密的网络也成为限制其节点发展的重要力量。在贸易网络中不是所有节点之间都有双向贸易流。双向连接关系的存在一方面加速物质流、信息流的传播和流动，另一方面有利于实现整体网络能量的平衡。我们通过测量贸易网络结构有进出口双向贸易流节点的连线占贸易网络节点总连接线的比例来测度网络互惠性，互惠性在一定程度上可以测度网络各节点的互通性和双方贸易的稳定程度。取值越接近 1，网络密度与互惠性越大。

③网络距离与凝聚力指数。在整体网络中，网络距离表示两国建立关联的最短途径（即捷径）长度。凝聚力指数表示整体网络协同合作的能力程度，指数越大，凝聚力程度越高。

（2）节点中心性

①度数中心度 PC。最早由 Freeman（1979）在文献中提出，该指标是测度全网络的关联数，在所有节点都有关联的基础上，采用绝对度数中心度测算意义不大，我们往往根据网络关联的规模测算相对度数中心度。其测算公式为：

$$C_{RD}(X) = \frac{X_I + X_O}{2n - 2} \quad (4-2)$$

其中 X_I 是节点 X 的点入度，X_O 是节点 X 的点出度。n 是网络的规模。

②中间中心度 BC。该指标测度网络中一国控制其他两国的交往能力。在度数中心度的基础上，中间中心度测算一国控制其他两国贸易的能力，采取标准化相对中间中心度。测算公式为：

$$C_{RBi} = \frac{2\sum_{j}^{n}\sum_{k}^{n}b_{jk}(i)}{n^2 - 3n + 2} \quad 其中 j \neq k \neq i,\ 且 j < k \quad (4-3)$$

用 $b_{jk}(i) = g_{jk}(i)/g_{jk}$ 表明节点 i 国控制 j 国和 k 国之间交往的水平。其中 g_{jk} 表示 j 国和 k 国存在的捷径数目，$g_{jk}(i)$ 表示 j 国和 k 国经过 i 国的捷径数目。

③接近中心度 CC。该指标测度一国在网络中不受其他国家控制的能力。即一国的接近中心度取值越大，自由性就越大。其测算公式为：

$$C_{APi}^{-1} = \sum_{j=1}^{n}d_{ij} \quad (4-4)$$

其中 d_{ij} 是点 i 和 j 之间的捷径距离（即捷径中包含的线数）。

（3）异质性

①结构洞。以加权有向网络测度的出强度和入强度作为数据，通过核密度估计方法，用度分布曲线直观地测度网络异质性。核密度估计方法对数据分布不需要附加任何假定，是从数据样本本身出发来研究数据分布特征的方法。点强度 $S_i = \sum_{j}W_{i,j}$，$S_1, S_2, \cdots, S_n$ 为独立同分布 F 的 n 个样本点，设其概率密度函数为 f，核密度估计为：

$$f_h(S) = \frac{1}{n}\sum_{i=1}^{n}K_h(S - S_i)$$

其中 $K(.)$ 为核函数（非负，积分为 1，符合概率密度性质，并且均值为 0）。

②个体中心网异质性。网络异质性表示网络中是否有结构洞或弱联系的存在（Burt，1992）。结构洞的主要指标由个体中心网络的有效规模率、限制度和等级度组成。

A. 有效规模率 SHE。该指标测算一国在全球高端制造业贸易中总贸易关系数减去多余重复贸易关系数后得到有效贸易关系数占总贸易关系数的比重，有效规模率越高，说明该国与其他国建立贸易关联越多。

B. 限制度 SHC。该指标测算一国在网络中被约束程度。限制度指标越高，说明该国被限制的程度越高，在网络中的自由度越低。

C. 等级度 SHD。该指标测算一国在网络的控制其他国家贸易交往的能力。等级度指标越高，说明该国的控制贸易网络能力越大。

4.2 传统贸易数据测度

4.2.1 数据来源

根据 OECD 认定五类高端制造行业，通过联合国统计网（UNSD）公布的国际标准行业分类（ISIC Rev3.0）、国际贸易标准分类（SITC Rev3.0）和世界海关商品编码分类（HS96）的匹配数据，得出国际贸易标准分类的 282 项商品编码的高端制造业产品，作为研究范围。基于研究需要从联合国商品贸易统计数据库（UN Comtrade）分别下载了 2002 年、2006 年、2010 年和 2014 年四年中 42 个国家的进出口贸易额。考虑到中国加入世贸组织后第一年（2002 年）是政策冲击影响最明显的一年；然后以加入世贸后第 5 年（2006 年）作为中国开放经济发展的一个阶段；接着选取中国成为世界第二大经济体的第一年（2010 年），考察中国进出口贸易额的变化；最后选取与 WIOD 数据库可获取的最新年份（2014 年）匹配的进出口贸易额数据，综合分析具有代表性的 4 年的全球高端制造业贸易网络格局。

4.2.2 整体网络特征

（1）贸易网络拓扑结构

首先，通过高端制造业贸易网络的拓扑性质，分析高端制造业贸易的网络分布。图 4.1 和图 4.2 分别为 2002 年和 2014 年高端制造业贸易拓扑结构图。节点代表贸易进出口国，节点连接线是出口国与进口国的贸易流向。从图4.1和图4.2中可以直观看到42个贸易国相互都有贸易流,贸易联系非常紧密,各国的高端制造业的贸易往来非常紧密,形成了一个不可分割的贸易流网。

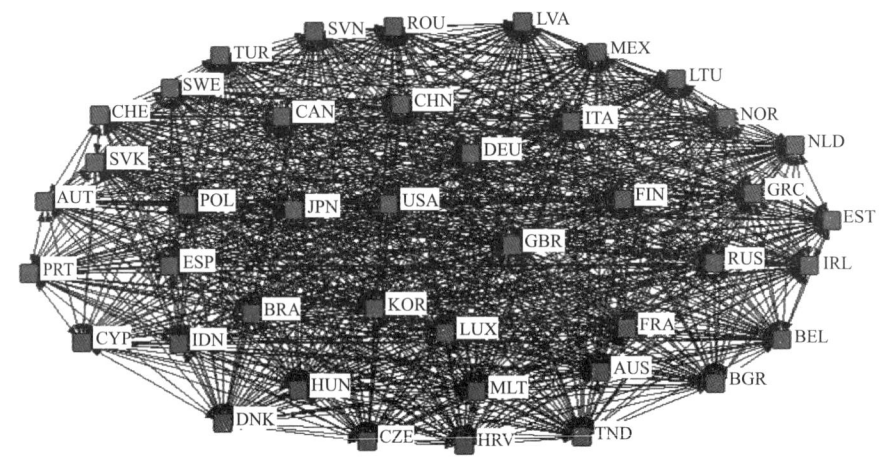

图4.1 2002年高端制造业贸易网络拓扑结构图

资料来源：作者整理绘制。

（2）网络密度与互惠性

通过UCINET6.0软件测度整体网络特征指标。表4.1分析了五类高端制造业四年的节点数、连接线、网络密度和互惠性,可以看出,各年各行业网络密度与互惠性基本都在0.8以上。药品、医药化学剂和植物药材制造行业,无线电、电视和通信设备与装置制造行业,医疗器械、精密仪器和光学仪器制造行业的网络密度值比较高,而飞机和航天器制造连接线较其他4类高端制造业网络密度与互惠性值相对较低,贸易网络关系较弱的主要是塞浦路斯、保加利亚、爱沙尼亚、克罗地亚、卢森堡、希腊、斯洛文尼亚、拉脱维亚和斯洛伐克等国家。中国与大部分国家都有进出口贸易往来,但在飞机和航天器制造行业贸易网络连接线较其他行业更少。但总体上网络联系紧密、互通性较好,高端制造业贸易网络关联紧密并保持良好的互通性。

第4章 中国高端制造业全球贸易网络特征和地位测度 | 89

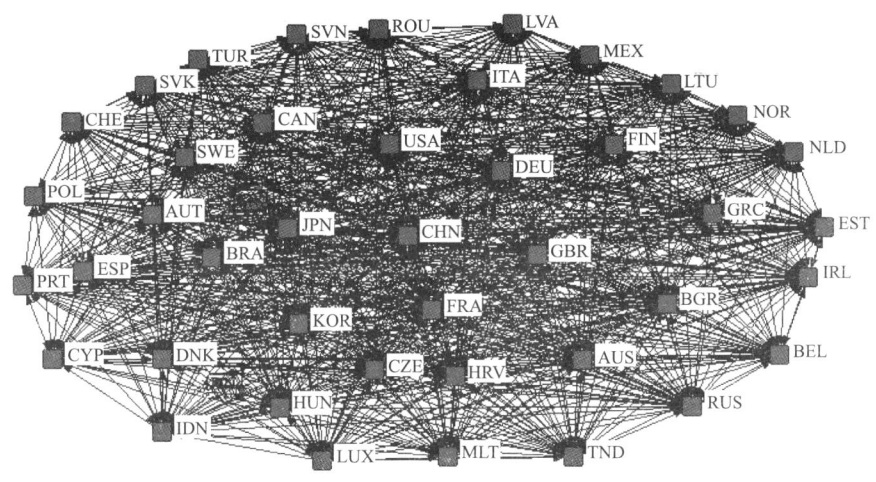

图 4.2 2014 年高端制造业网络贸易拓扑结构图

资料来源：作者整理绘制。

表 4.1　　　　　高端制造业网络密度与互惠性分析

行业分类	药品、医药化学剂和植物药材制造行业			
年份	2002	2006	2010	2014
节点数	42	42	42	42
连线数	1586	1627	1603	1632
网络密度	0.921	0.945	0.931	0.948
互惠性	0.932	0.943	0.941	0.943
行业分类	办公室、会计和计算机机械制造行业			
年份	2002	2006	2010	2014
节点数	42	42	42	42
连线数	1532	1536	1484	1502
网络密度	0.890	0.892	0.862	0.872
互惠性	0.868	0.885	0.838	0.869
行业分类	无线电、电视和通信设备与装置制造行业			
年份	2002	2006	2010	2014
节点数	42	42	42	42
连线数	1615	1600	1620	1627

续表

行业分类	无线电、电视和通信设备与装置制造行业			
年份	2002	2006	2010	2014
网络密度	0.938	0.929	0.941	0.945
互惠性	0.918	0.923	0.935	0.926
行业分类	医疗器械、精密仪器和光学仪器制造行业			
年份	2002	2006	2010	2014
节点数	42	42	42	42
连线数	1627	1631	1651	1638
网络密度	0.945	0.947	0.959	0.951
互惠性	0.947	0.944	0.957	0.946
行业分类	飞机和航天器制造行业			
年份	2002	2006	2011	2014
节点数	42	42	42	42
连线数	1402	1431	1426	1445
网络密度	0.814	0.831	0.828	0.839
互惠性	0.804	0.821	0.814	0.830

资料来源：作者根据 UNcomtrade 数据库测算得出。

（3）网络凝聚力与距离

表 4.2 分析了五类高端制造业四年的网络距离和凝聚力，可以看出，各行业网络距离取值都在 1.2 以下，网络凝聚力大部分都在 0.85 以上。可以得出，网络协同合作的能力程度比较强，指数比较大，各国贸易凝聚力程度较高。

表 4.2 网络距离与凝聚力

行业分类	药品、医药化学剂和植物药材制造行业			
年份	2002	2006	2010	2014
网络距离	1.066	1.052	1.082	1.082
网络凝聚力	0.937	0.949	0.919	0.948
行业分类	办公室、会计和计算机机械制造行业			
年份	2002	2006	2010	2014
网络距离	1.120	1.118	1.138	1.128
网络凝聚力	0.891	0.891	0.871	0.876

续表

行业分类	无电线、电视和通信设备与装置制造行业			
年份	2002	2006	2010	2014
网络距离	1.077	1.078	1.056	1.056
网络凝聚力	0.932	0.936	0.945	0.945
行业分类	医疗器械、精密仪器和光学仪器制造行业			
年份	2002	2006	2010	2014
网络距离	1.065	1.063	1.045	1.058
网络凝聚力	0.940	0.939	0.953	0.943
行业分类	飞机和航天器制造行业			
年份	2002	2006	2010	2014
网络距离	1.186	1.169	1.182	1.145
网络凝聚力	0.857	0.865	0.854	0.882

资料来源：作者根据 UNcomtrade 数据库测算得出。

（4）节点中心性

如表4.3所示，四年间节点中心性前10名的排名没有发生很大的改变，说明这些国家在全球高端制造业网络的中心位置相对稳定。德国、美国和中国一直处于传统贸易网络中的核心位置。而相较于美国和中国，德国的中间中心度、接近中心度排位更前，可能是德国的高端制造业一直倡导稳步全面的发展，使其在高端制造业领域长期处于网络核心地位。中国自加入WTO后高端制造业得到了快速发展，特别在网络贸易规模上自2006年就排名第一。从中间中心度来看，即一国在网络中控制贸易资源的能力，中国在网络中呈现控制贸易资源能力逐年上升的趋势，但较度数中心度来看，仍然处于强国之后。从接近中心度来看，即一国在网络中贸易自由程度，中国基本处于前三的位置。亚洲新兴体韩国大部分年份在网络中排入了前十的位置，日本在高端制造业领域一直有较好的发展，从整个节点中心性指数可以看出，日本一直排在前十位。这可能是因为日本长期注重高科技产业的发展，坚持走科教兴国的道路。

表 4.3　　节点中心性排名前十的国家

年份	2002	2006	2010	2014
度数中心度				
1	美国	中国	中国	中国
2	日本	美国	美国	美国
3	德国	德国	德国	德国
4	英国	日本	日本	法国
5	中国	英国	法国	日本
6	爱尔兰	韩国	韩国	韩国
7	法国	法国	英国	英国
8	韩国	爱尔兰	爱尔兰	爱尔兰
9	荷兰	比利时	荷兰	瑞士
10	新加坡	荷兰	比利时	荷兰
中间中心度				
1	德国	德国	德国	美国
2	美国	法国	美国	德国
3	法国	美国	法国	中国
4	意大利	意大利	中国	法国
5	英国	中国	英国	意大利
6	日本	英国	意大利	英国
7	奥地利	日本	加拿大	加拿大
8	加拿大	瑞典	韩国	荷兰
9	中国	西班牙	瑞典	瑞典
10	瑞典	芬兰	芬兰	日本
接近中心度				
1	美国	德国	德国	德国
2	德国	美国	中国	中国
3	加拿大	中国	美国	美国
4	中国	加拿大	韩国	韩国
5	日本	日本	马耳他	日本
6	英国	英国	日本	法国
7	法国	法国	奥地利	奥地利
8	墨西哥	韩国	法国	加拿大

续表

年份	2002	2006	2010	2014
接近中心度				
9	意大利	意大利	英国	英国
10	爱尔兰	奥地利	意大利	瑞士

资料来源：作者根据 WIOD 数据库测算整理得出。

4.2.3 个体网中心性

（1）个体中心网络结构洞

节点中介性测度节点是否占据其他节点连接路径的中间位置。当网络中一个节点具有控制其他节点交往的能力，即该节点处于其他节点贸易往来路径上，可以认为此节点居于整体网络的重要地位。Freeman（1979）研究表明中介性是测量一个节点在整体网络资源控制的程度，处于整个网络重要位置的节点可以通过曲解信息的传递或控制节点往来而影响网络群体。

结构洞是信息或资源流动的缺口，强调网络各节点间相互依赖关系，测度网络中两个节点间的非冗余关系的指数。运用 Burt 对结构洞的分析，主要从四个方面进行讨论：有效规模、效率、限制度和等级度，以此为基础来衡量结构洞。由于效率是对有效规模相对衡量，所以主要报告三方面因素：有效规模、限制度和等级度。结构洞有效规模指标越大，说明该节点的行为在整体网络中自由性越大，越不受网络的限制。限制度是最重要的结构洞指标，指的是此节点在网络中拥有协商能力或者运用结构洞能力的程度。限制度指标越低的节点，就越具有控制贸易交往的能力。等级度测算节点所处网络位置，其指数越高，说明该节点越处于网络核心位置。从表 4.4 可见，结构洞指数排在前列是美国、德国和丹麦等国，这些国家在网络中的行动自由度大，中国虽然在整体网节点中心性排在前列，但在个体中心网结构洞指数排名却很一般，只有 2010 年排入第十名。说明中国在个体中心网络中还是具有较强的依赖性，自由度不强，在网络中处于被控制的地位。

表 4.4 结构洞指数排名前十的国家

排名	国家	2002 年			国家	2006 年		
		有效规模	限制度	等级度		有效规模	限制度	等级度
1	美国	20.011	0.231	0.345	德国	17.186	0.333	0.404
2	德国	16.705	0.361	0.460	加拿大	16.907	0.389	0.489
3	比利时	16.463	0.413	0.426	葡萄牙	16.872	0.379	0.384
4	卢森堡	16.234	0.448	0.405	丹麦	16.758	0.362	0.387
5	西班牙	16.121	0.417	0.423	芬兰	16.639	0.379	0.386
6	挪威	15.959	0.396	0.428	西班牙	16.482	0.474	0.494
7	英国	15.779	0.397	0.485	中国	16.469	0.492	0.546
8	丹麦	15.717	0.412	0.446	挪威	16.448	0.366	0.415
9	葡萄牙	15.528	0.463	0.476	瑞士	16.428	0.422	0.432
10	瑞典	15.441	0.401	0.443	美国	16.344	0.431	0.502
	中国	14.414	0.576	0.605	中国	16.2184	0.388	0.392
排名	国家	2010 年			国家	2014 年		
		有效规模	限制度	等级度		有效规模	限制度	等级度
1	美国	19.399	0.280	0.425	美国	19.085	0.301	0.467
2	德国	18.103	0.3058	0.393	葡萄牙	17.676	0.410	0.396
3	芬兰	17.108	0.351	0.362	德国	17.589	0.339	0.437
4	挪威	17.066	0.3614	0.386	丹麦	17.334	0.363	0.387
5	瑞典	17.029	0.3382	0.378	新西兰	16.909	0.585	0.568
6	丹麦	16.983	0.3454	0.366	挪威	16.725	0.394	0.418
7	新西兰	16.894	0.566	0.542	瑞典	16.724	0.364	0.408
8	葡萄牙	16.626	0.3828	0.379	西班牙	16.523	0.394	0.410
9	西班牙	16.513	0.3898	0.397	比利时	16.437	0.401	0.424
10	中国	16.167	0.3892	0.413	意大利	16.181	0.398	0.417
					中国	15.683	0.449	0.617

资料来源：作者根据 UNcomtrade 数据库测算得出。

（2）异质性测度

异质性测度网络中各节点是否同质，即各节点在网络贸易格局中地位是否平等。运用核密度估计方法分析 2002 年、2006 年、2010 年和 2014 年度数中心度分布，通过个体中心网络结构洞的有效规模、限制度和等级度指标分布曲线直观的考察各节点贸易网络异质性。

如图 4.3 所示，有效规模 SHE 核密度分布向右偏，说明大多数国家在贸易网络中贸易交往比较自由，只有少部分国家贸易交往受限。限制度 SHC 和等级度 SHD 核密度分布向左偏，说明大多数国家在网络中不具协商能力，处于网络边缘位置。少数国家控制网络的贸易核心资源，具有控制网络贸易资源能力的国家处于核心位置。从各年的峰值来看，各国都呈现"单峰分布"，特别是 2006 年最高，2002 年最低，说明高端制造业贸易发展受经济变化的影响。

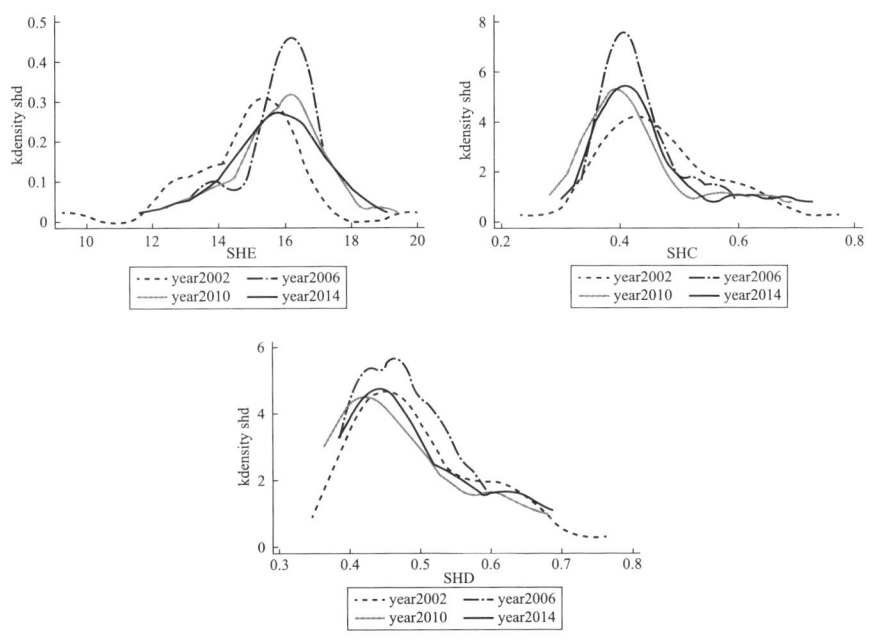

图 4.3　个体中心网络结构洞核密度估计图

资料来源：作者整理测算得出。

4.3 增加值贸易数据测度

4.3.1 数据来源

由于传统进出口贸易额统计中包含了很多加工贸易在内，统计过程中存在重复计算的弊端，而且加工贸易具有国内增加值相对较低的特征，如果仅运用传统进出口贸易数据测度全球高端制造业贸易网络特征和地位，得出的结果无法深入剖析各国制造业在全球价值链中真实分工利得。因此，运用WIOD数据库世界投入产出表测算主要国家的高端制造业增加值，然后运用社会网络分析法分析全球高端制造业增加值的网络分布及各国的中心性，可以更为准确地剖析中国在全球贸易网络的价值链的利益分配及分工地位。

在此选取WIOD数据库提供2002年、2006年、2010年、2014年42[①]个主要国家投入产出表中的数据，根据OECD对制造业技术分类标准与WIOD数据中制造业进行匹配，其中OECD认定标准药品、医药化学剂和植物药材制造（2423）匹配WIOD认定标准药物和药物制剂制造业（C21）；OECD认定标准办公室、会计和计算机机械制造（30）匹配WIOD认定标准计算机、电子及光学产品制造业（C26）；OECD认定标准无线电、电视和通信设备与装置制造（32）匹配WIOD认定标准计算机、电子及光学产品制造业（C26）和电气设备制造业（C27）；OECD认定标准医疗器械、精密仪器和光学仪器制造（33）匹配WIOD认定标准药物和药物制剂制造业（C21）和机械设备制造业（C28）；

---

① 与前文选取国家范围相同。

OECD 认定标准飞机和航天器制造（3530）匹配 WIOD 认定标准其他运输设备制造业（C30），选取 WIOD 认定标准的五个行业来确定高端制造业（李媛和金殿臣，2017）。

4.3.2 增加值贸易测算

随着中间产品在国际分工体系流动日益频繁，一国出口中往往包含其他国家中间产品带来的增加值，这些中间产品投入到其他国家，为他国带来出口的增值，中间产品在各国频繁流动形成了联系紧密的全球贸易网络。借鉴 Koopman et al.（2010）分解方法测算 r 国出口中包含 s 国的增加值。具体测算公式为：

$$FAV = \begin{bmatrix} FAV_{rr} & \cdots & FAV_{rs} \\ \vdots & \ddots & \vdots \\ FAV_{sr} & \cdots & FAV_{ss} \end{bmatrix} \quad (4-5)$$

$$FAV = V \cdot (1-A)^{-1} \cdot E = \begin{bmatrix} V_r & \cdots & 0 \\ \vdots & \ddots & \vdots \\ 0 & \cdots & V_s \end{bmatrix} \begin{bmatrix} 1-A_{rr} & \cdots & -A_{rs} \\ \vdots & \ddots & \vdots \\ -A_{sr} & \cdots & 1-A_{ss} \end{bmatrix}$$

$$\begin{bmatrix} E_r & \cdots & 0 \\ \vdots & \ddots & \vdots \\ 0 & \cdots & E_s \end{bmatrix}$$

$$FVA_r = \sum_{s \neq r} V_s B_{sr} E_r \quad (4-6)$$

其中，V_s 为 s 国分行业直接增加系数，是 $1 \times NC$ 向量，B_{sr} 为里昂惕夫逆矩阵，表示 r 国投入到 s 国产品的完全消耗系数，E_r 为 r 国分行业出口额，是 $NC \times 1$ 向量。主要围绕全球增加值生产网络整体结构特征和节点中心性展开测算。

由于世界投入产出表测算出来的各国增加值都有着千丝万缕的联系，即使 AB 两国没有直接的联系，也可能通过 C 国产生一定的贸易。

而且有些国家包括别国的增加值数额非常小，为了突出社会网络分析法的主要特征，特设增加值与出口额0.1%的门槛值（Amador & Cabral, 2017）①：

$$FAV = \begin{cases} 1, & \dfrac{FAV}{E} > 0.001 \\ 0, & 其他 \end{cases} \qquad (4-7)$$

4.3.3 整体网络特征

（1）网络拓扑结构

基于WIOD数据库测算出来的高端制造业增加值贸易数据建立矩阵，运用UCINET中的可视化（Netdraw）得出2002年和2014年的网络拓扑图，如图4.4和图4.5所示。

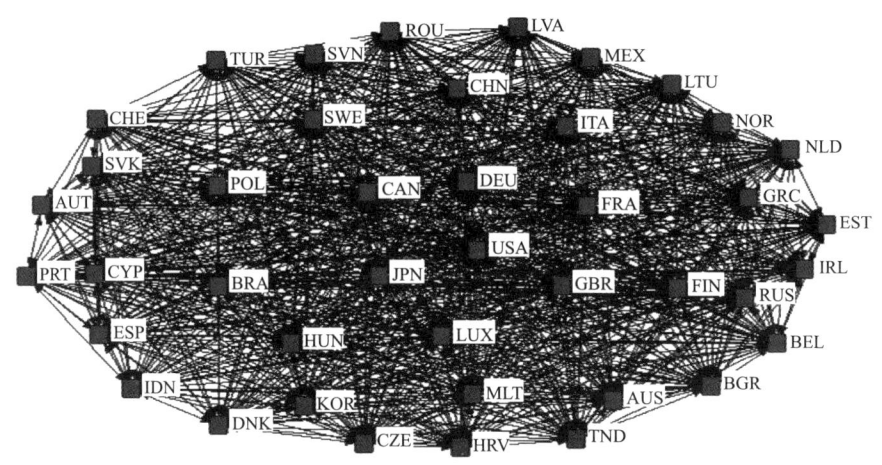

图4.4　2002年网络拓扑结构图

资料来源：作者根据WIOD数据库测算得出。

---

① Amador J, Cabral S. Networks of Value Added Trade [J]. Social Science Electronic Publishing, 2017 (40): 1291–1313.

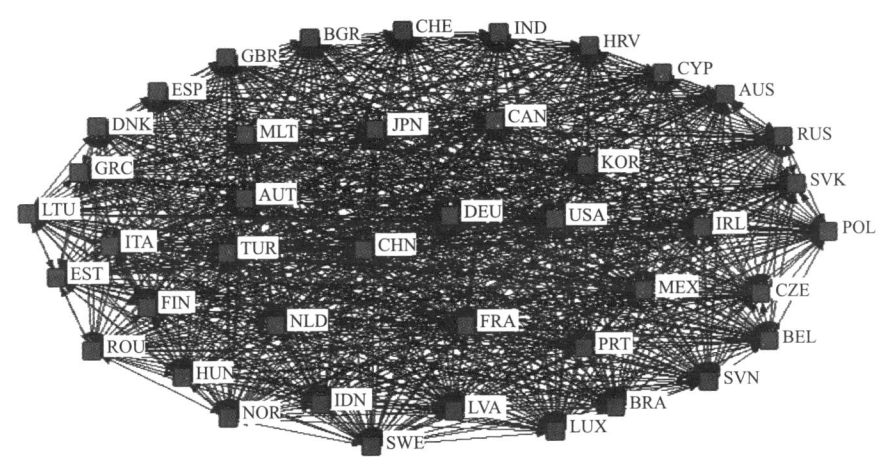

图 4.5　2014 年网络拓扑结构图

资料来源：作者根据 WIOD 数据库测算得出。

为了突出全球高端制造业网络整体动态结构特征，对增加值贸易矩阵设定门槛值后测度网络结构特征。由表 4.5 和图 4.6 可见，全球高端制造业网络密度与互惠性两者都是先上升后下降。

表 4.5　　　　　　　　　　网络密度与互惠性

年份	节点数	连线数	网络密度	网络互惠性
2002	42	441	0.2561	0.1855
2006	42	458	0.266	0.1654
2010	42	434	0.252	0.1512
2014	42	415	0.241	0.1339

资料来源：根据 WIOD 数据库测算得出。

表 4.6 和图 4.7 表示网络凝聚力与距离，其动态趋势也是先上升后下降，拐点出现在 2008 年前后。从整体网络特征来看，高端制造业全球贸易网络的布局越来越趋于分散化，说明国家在国际分工中获取利益的差距在加大，大部分利益集中在少数国家。因此，当国家发展到一定程度后仍深度参与国际分工体系会扩大与主导国家的收益差距。

表 4.6　　　　　　　　　　网络距离与凝聚力

年份	网络距离	网络凝聚力
2002	1.686	0.376
2006	1.646	0.398
2010	1.647	0.408
2014	1.819	0.352

资料来源：根据 WIOD 数据库测算得出。

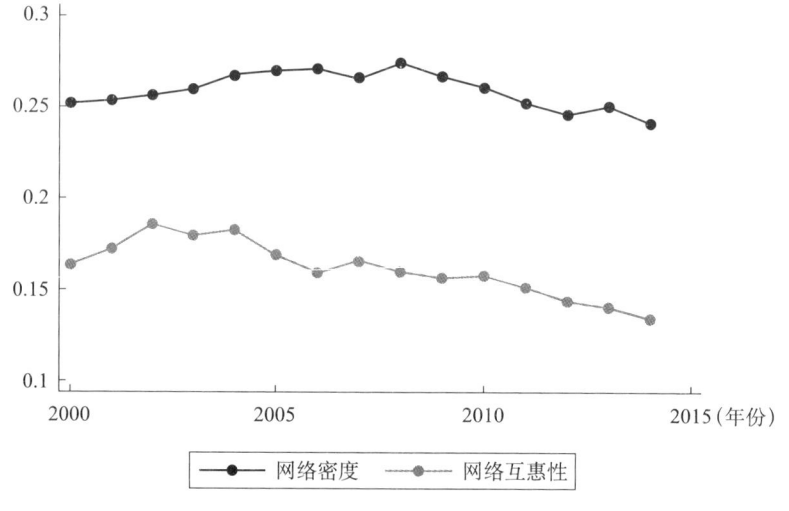

图 4.6　网络密度与互惠性

资料来源：作者根据 WIOD 数据库测算得出。

（2）整体网络中心性测度

由表 4.7 可见，四年间节点中心性的度数中心度、中间中心度和接近中心度前 10 名的排名没有发生很大的改变，说明这些国家在全球高端制造业网络的中心位置相对稳定。德国和美国一直处于增加值贸易网络中的核心位置。相较于美国，德国在制造业稳步全面的发展使其在高端制造业一直处于整体网络核心地位。但美国实施制造业回流政策，提高了其在全球高端制造业网络中心地位。中国在加入 WTO 后高端制造业发展得到了快速提升，特别在网络贸易规模上 2010 年后处于全球最高的位置。中国抓住了 WTO 的发展契机，享受国际分工带来的红利。

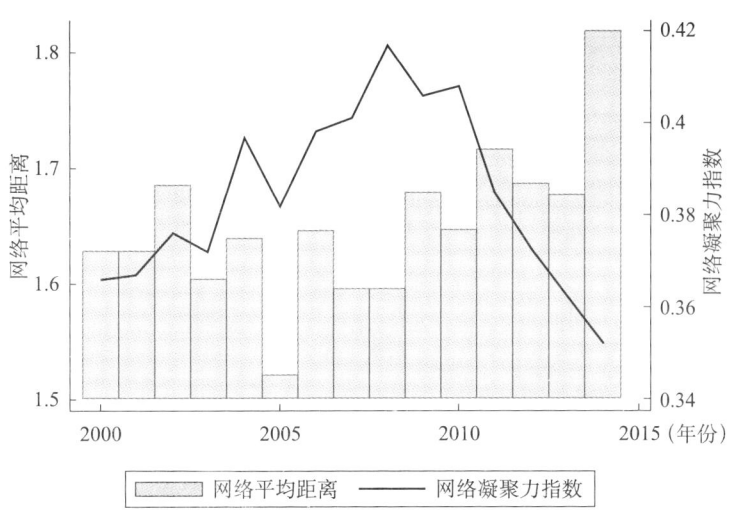

图 4.7 网络凝聚力与距离

但从控制贸易资源的能力和贸易自由度上看，表现却很一般，几乎没有挤进前十的位置。说明中国在高端制造业网络中仍处于被其他国家控制的局面。亚洲新兴体韩国在网络中处于上升的阶段，可能是因为韩国长期以来非常注重产业升级，坚强走科技兴国的发展道路。值得注意的是，虽然发展中国家在全球高端制造业网络中的位置是不可缺少的，也有部分国家曾挤入网络的前十位，但位置却不太稳定，绝大多数国家仍处于整个网络中的边缘位置。

表 4.7 全球高端制造业增加值贸易网络的节点中心性排名

年份	2002	2006	2010	2014
度数中心度				
1	美国	美国	中国	中国
2	德国	德国	德国	德国
3	加拿大	中国	美国	美国
4	中国	加拿大	韩国	韩国
5	日本	日本	马耳他	日本
6	英国	韩国	日本	加拿大
7	法国	英国	加拿大	法国

续表

年份	2002	2006	2010	2014
度数中心度				
8	墨西哥	法国	奥地利	奥地利
9	意大利	意大利	法国	英国
10	爱尔兰	奥地利	英国	瑞士
中间中心度				
1	德国	德国	德国	德国
2	英国	瑞典	英国	荷兰
3	瑞典	英国	瑞典	瑞典
4	奥地利	法国	美国	英国
5	荷兰	芬兰	爱尔兰	法国
6	法国	美国	法国	美国
7	美国	奥地利	意大利	芬兰
8	韩国	意大利	瑞士	韩国
9	意大利	瑞士	韩国	瑞士
10	瑞士	韩国	中国	日本
接近中心度				
1	德国	奥地利	奥地利	德国
2	意大利	德国	意大利	奥地利
3	瑞士	意大利	德国	荷兰
4	荷兰	法国	瑞典	比利时
5	西班牙	比利时	瑞士	意大利
6	瑞典	瑞士	匈牙利	西班牙
7	英国	荷兰	荷兰	法国
8	法国	西班牙	西班牙	瑞典
9	芬兰	英国	芬兰	瑞士
10	爱尔兰	瑞典	法国	英国

资料来源：作者根据WIOD数据库测算整理得出。

4.3.4 个体网中心性

（1）个体中心网络结构洞

个体网中心性同样运用Burt对结构洞的分析，仍从三个方面进行讨论：有效规模、效率、限制度和等级度来衡量结构洞。

从表 4.8 来看，德国和美国基本处于个体中心网络核心位置，有效规模测算出来的结果表明，国家之间的增加值贸易规模两极分化比较大，进出口贸易过程中增加值大部分集中在少数国家。亚洲的日本和韩国虽然排在前十位，但与德国和美国的差距仍然较大。中国在个体中心网络位置一直没有挤入前十，可能的原因是中国自改革开放以来，大量承接产业转移并从事加工贸易，加工贸易后出口产品增加值非常低，造成中国在个体中心网络排名比较靠后。

表 4.8　　结构洞指数排名前十的国家

排名	国家	2002 年			国家	2006 年		
		有效规模	限制度	等级度		有效规模	限制度	等级度
1	德国	34.684	0.739	0.967	德国	34.606	0.868	0.988
2	美国	33.762	0.887	0.993	法国	34.332	0.806	0.964
3	日本	32.906	0.833	0.987	意大利	34.24	0.652	0.93
4	英国	32.324	0.681	0.927	英国	34.209	0.736	0.968
5	法国	32.027	0.67	0.932	比利时	33.744	0.672	0.925
6	瑞典	30.406	0.819	0.974	芬兰	27.347	0.754	0.971
7	瑞士	24.997	0.709	0.934	瑞士	26.996	0.692	0.933
8	荷兰	22.425	0.639	0.947	美国	21.336	0.817	0.983
9	韩国	21.38	0.594	0.836	韩国	21.088	0.634	0.949
10	西班牙	19.413	0.803	0.965	瑞典	21.047	0.613	0.868
	中国	13.141	0.533	0.691	中国	15.349	0.548	0.749
排名	国家	2010 年			国家	2014 年		
		有效规模	限制度	等级度		有效规模	限制度	等级度
1	德国	34.824	0.616	0.884	德国	33.019	0.622	0.869
2	英国	33.004	0.678	0.94	美国	32.342	0.627	0.906
3	法国	31.901	0.62	0.883	英国	31.018	0.584	0.816
4	日本	31.662	0.843	0.969	意大利	30.595	0.799	0.977
5	美国	31.569	0.735	0.891	法国	29.921	0.768	0.905
6	瑞士	31.155	0.663	0.914	日本	29.866	0.638	0.886
7	韩国	30.639	0.845	0.987	瑞士	29.266	0.734	0.831
8	意大利	24.779	0.603	0.919	韩国	27.876	0.576	0.889
9	西班牙	19.031	0.742	0.938	荷兰	19.478	0.559	0.73

续表

排名	国家	2002年			国家	2006年		
		有效规模	限制度	等级度		有效规模	限制度	等级度
10	瑞典	18.976	0.598	0.755	巴西	18.491	0.896	0.989
	中国	15.589	0.704	0.957	中国	13.28	0.71	0.956

资料来源：作者根据 WIOD 数据库测算整理得出。

(2) 异质性测度

运用核密度估计方法得出个体中心网络结构洞三个指标的分布，直观分析全球高端制造业网络的各节点在贸易网络中的分布情况。

从图 4.8 可见，结构洞指标中的有效规模效率（SHE）、限制度（SHC）、等级度（SHD）都呈现向右偏"双峰"分布，表现出较为明显的长尾特征。表明高端制造业个体中心网的有效贸易关系数、被约束程度和控制能力都集中于少数国家。从曲线的尖峰来看，个体中心网的被约束程度差距是最大的，不同国家在网络中自由度有较大的区别，而网络中个体中心网的控制能力的差距却较小。可见，全球高端制造业网络是被少数发达国家控制的网络，发展中国家被动地听从少数发达国家指派进行制造生产，在网络中缺少自主性。但随着一些新兴国家的发展，发达国家的垄断地位逐渐被削弱。

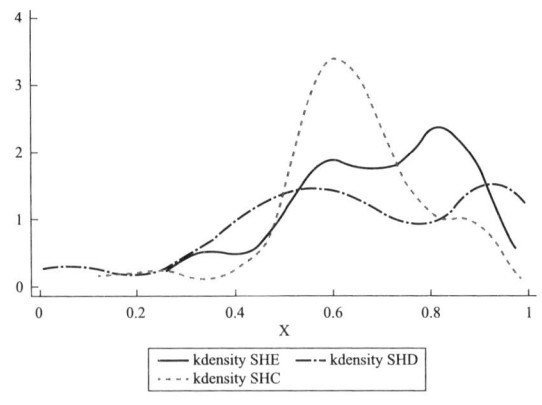

图 4.8　个体中心网结构洞核密度图

资料来源：作者根据 WIOD 测算得出。

4.4 小结

运用社会网络分析法对中国高端制造业在全球贸易网络的特征与地位进行测度，为避免传统海关统计数据重复计算导致"统计假象"，在测度过程中使用传统贸易数据和增加值贸易数据相结合的方式，通过对比分析发现两者的不同，从而得出以下结论：

（1）从传统贸易数据测度的结论

第一，网络整体特征来看，总体上网络联系紧密、互通性也很好。国家之间高端制造业网络贸易联系紧密并保持良好的互通性。

第二，从节点中心性可见，美国、德国和中国排在网络前列位置，中国在网络贸易规模上自2006年就排名第一，中国在网络中控制贸易资源的能力呈逐年上升的趋势，在网络中贸易自由程度基本处于前三的位置。

第三，中国虽然在贸易量上超过了美国与德国，但从社会网络分析法中的个体中心网络结构洞指标可见，中国排名几乎没有进入前十名，美国、德国、葡萄牙等国家占据网络的前列，表明这些国家在网络中贸易行为自由度大，而中国在网络中贸易自由度相对较弱。

（2）从增加值贸易数据测度的结论

第一，从网络整体特征来看，全球高端制造业网络整体动态特征通过网络密度与互惠性、网络凝聚力与距离指标表现出先上升后下降的趋势。网络密度和互惠性下降表现较为缓慢，而网络凝聚力和距离却出现较大的下降幅度。

第二，从度数中心度来看，高端制造业网络贸易规模是以德国、美国和中国为中心，美国在2010年之前都占据网络贸易规模的第一位置。但随着中国工业的发展，中国自2006年挤入前三位置，在2010年后成为全球高端制造业网络贸易规模第一的国家。

第三，从中间中心度和接近中心度来看，高端制造业网络仍是以德国、美国为中心。德国处于全球高端制造业网络中心地位，中国虽在网络贸易规模上占据有利地位，但在网络中控制贸易交往能力和贸易自由度都较弱，几乎没挤入前十的位置。

（3）不同数据测度对比分析

第一，从网络整体特征来看，两组数据测度的结果表明各国在高端制造业都有贸易往来，网络拓扑图都以美国、德国和中国为中心，虽然海关传统贸易数据显示出较多的进出口贸易量，且具有较强的网络密度和互惠性，但从增加值贸易数据来看，很多国家增加值贸易额非常小，几乎可以忽略不计，表现出较低的网络密度与互惠性。从传统贸易数据可见，各国的贸易规模在不断增加；但从增加值贸易数据来看，虽然贸易规模在扩大，网络凝聚力和距离表明各国在国际分工中获取的贸易真实利益差距却在增大。

第二，从网络中心地位来看，度数中心度测算出来的结果显示，中国在加入WTO后增长速度较快，在2006年及以后，中国成为高端制造业网络贸易出强度的第一的位置，尤其在2010年中国出强度超过美国三分之一，仍保持世界第一的位置。从中间中心度、接近中心度和结构洞来看，传统贸易数据测算结果表明，美国、德国和中国位于网络中心地位排名的前列，但从增加值贸易数据测算网络中心地位，是德国和美国位于前列。中国仅在度数中心数排在前列，而在中间中心度和接近中心度没有挤入前十的位置。网络整体特征表明各国贸易紧密度不强，贸易核心资源被少数国家垄断，少数国家在网络中形成具有一定控制能力的中心国家。相对于少数几个贸易强度很大的国家而言，大多数国家的高端制造业增加值进出口量还是较少。

第三，从网络异质性来看，两组数据测度的结果都显示高端制造业网络核心资源仍然被少数发达国家控制，但从增加值贸易数据来看，后来居上的一些新兴发展国家发展使得少数发达国家的垄断地位被削弱。

但由于制造业先进技术仍然被少数国家控制,大多数国家很难进入中心国家的行列。

因此,为了真实地反映贸易利得,应以增加值贸易数据取代传统贸易数据分析相关问题。

第 5 章

全球价值链嵌入对全球高端制造业贸易网络中心地位的影响

在第 4 章测算出来的全球贸易网络特征与地位指标的基础上，进一步运用增加值贸易数据测算全球价值链嵌入程度，考察全球价值链嵌入度与全球高端制造业网络地位的线性与非线性关系，并进行异质性分析，同时，对结论做稳健性检验，试图从实证分析中挖掘中国高端制造业演化路径中遇到的问题，并为后工业化时代中国高端制造业发展指明方向。

5.1　引言

在贸易利益分配的测算方法上，以增加值来测算贸易利益分配已取代以贸易总值测算的传统计算方法，避免了生产过程中大量他国中间产品增加值没有计算在内的缺陷。用增加值指标衡量制造业细分行业的全球价值链嵌入程度，并深入讨论融入全球价值链分工体系对国际分工地位的影响更具科学性（王岚，2014）。以往的国际分工地位的研究主要由出口技术复杂度和全球价值链地位指数来表示，这些指标仅从增加值贸易与生产率方面考虑国际分工地位，而运用增加值贸易数据测度全球高端制造业贸易网络地位，不仅能从纵向与横向上分析了经济体在全球贸易网络中网络关系和地位，更能从全局视角诠释高端制造业国际分工格局。因此，在全球产业格局重塑的背景下加大全球价值链嵌入程度能否带来价值链升级？能否提高全球贸易网络的中心地位？这一问题有待进一步验证。

因此，以增加值贸易数据测算各国的全球价值链参与率，并与全球高端制造业网络地位进行因果识别，以便验证第 3 章提出的前 3 个研究假设。

5.2　模型构建和变量说明

5.2.1　模型构建

一个国家的全球高端制造业网络的中心地位是由多项因素决定的，不仅受中间产品增加值贸易的影响，还受人力资本、物质资本、研发、对外投资和国家的基础条件等因素的影响。在此借鉴马述忠等（2016）[①]以及杜运苏和彭冬冬（2018）[②]的研究设定以下模型：

$$NCS_{it} = \beta_0 + \beta_1 GVC\_P_{it} + \beta_2 X_{it} + \theta_t + \gamma_i + \varepsilon_{it} \qquad (5-1)$$

其中 NCS_{it} 表示 i 国在全球高端制造业网络的中心性，t 代表时间；GVC_P_{it} 表示全球价值链嵌入程度；X_{it} 表示一组控制变量，θ_t 是时间固定效应，γ_i 是国家固定效应，ε_{it} 为模型的扰动项。

5.2.2　变量选取与构造

（1）核心变量

①网络中心地位。NCS_{it} 为全球高端制造业贸易网络的中心地位。选取度数中心度（PC）、中间中心度（BC）和接近中心度（CC）三个指标来衡量网络中心性。根据 UNINET6.0 测算出来的三个中心性的取值范围为 $[0, +\infty)$。

[①] 马述忠，任婉婉，吴国杰. 一国农产品贸易网络特征及其对全球价值链分工的影响——基于社会网络分析视角[J]. 管理世界，2016（3）：60-72.

[②] 杜运苏，彭冬冬. 制造业服务化与全球增加值贸易网络地位提升——基于2000～2014年世界投入产出表[J]. 财贸经济，2018（2）：103-117.

②网络异质性。网络异质性是指网络中是否有结构洞或弱联系的存在（Burt，1992）。采用社会网络分析法中个体中心网络结构洞指标来衡量网络异质性，分别用有效规模效率（SHE）、限制度（SHC）和等级度（SHD）三个指标来代表网络的结构洞。

③全球价值链嵌入。运用全球价值链参与率指数代表一国在全球价值链嵌入程度。根据 Koopman et al.（2012）[①] 对双边总出口参与价值链的分解测算得出该指标，此指标可以反映一国参与国际贸易真实利益所得，被广泛地运用为国际分工中综合性统计指标（刘琳，2014）。$\frac{IV_{it}}{E_i}$ 表示间接增加值与各国总出口占比，即间接增加值率，又称为前向参与率。$\frac{FV_{it}}{E_i}$ 表示国外增加值与各国总出口占比，即国外增加值率，又称为后向参与率。

DV_r 为 r 国的国内增加值，也就是 TV 出口总增加值的对角线：

$$DV_r = \sum_{s \neq r} V_r B_{rr} E_r \quad (5-2)$$

IV_r 为 r 国的间接增加值，也就是 TV 各行除对角线之和，r 国出口中间产品给 s 国，s 国加工制造成成品后出口到 t 国而产生的间接增加值：

$$IV_r = \sum_{s \neq r} V_r B_{rs} E_{st} \quad (5-3)$$

FV_r 为 r 国的国外增加值，也就是 TV 各列除对角线之和：

$$FV_r = \sum_{s \neq r} V_s B_{sr} E_r \quad (5-4)$$

国内增加值加上国外增加值就是总出口 E_r：

$$E_r = DV_r + FV_r \quad (5-5)$$

全球价值链参与率公式为：

$$GVC\_P_{it} = \frac{IV_{it}}{E_i} + \frac{FV_{it}}{E_i} \quad (5-6)$$

（2）控制变量

①生产要素。根据传统贸易理论，我们知道要素禀赋对国家的制造

---

① Koopman R, Wang Z, Wei S J. Estimating Domestic Content in Exports When Processing Trade Is Pervasive[J]. Journal of Development Economics, 2012（99）1: 178-189.

业特别是高端制造业起了非常重要的作用。生产要素分为人力与物质资本，人力资本选用每百万 R&D 研究人员（RDH），物质资本选用固定资本占 GDP 比重（FCR）和研发支出占 GDP 比重（RDR）。这些代表了高端制造业要素禀赋，一国的高端制造业发展离不开掌握核心技术的研发人员，也离不开高端的装备水平，较高的人力资本可以加速技术升级和高科技发展的速度，较高研发投入是技术升级和高科技得以发展的保障。

②基础设施条件。一国的基础设施水平决定了交易成本，交易成本又间接影响高端制造业产品的出口，同时加大对基础设施的投入会带动相关上下游制造业的振兴（崔日明，2013）。Binh et al.（2005）通过实证分析得出结论，金融发展水平越高的国家，其高资本密集、高研发的产业生产率增长得越快。通过选取港口质量 PQ 和金融部门提供国内信用贷款占 GDP 的比重 DFCR 两个变量来衡量各国的基础设施条件。

表 5.1　　变量内涵及数据来源

变量类型	变量名称	描述	构造方法	数据来源
被解释变量	PC	整体网度数中心度	一国在整体网络中贸易规模量	经 WIOD 计算
	BC	整体网中间中心度	一国在整体网络中自由度	经 WIOD 计算
	CC	整体网接近中心度	一国在整体网络中控制能力	经 WIOD 计算
	SHE	个体网有效规模率	一国在个体网络中有效规模率	经 WIOD 计算
	SHC	个体网限制度	一国在个体网络中被约束程度	经 WIOD 计算
	SHD	个体网等级度	一国在个体网络中控制能力	经 WIOD 计算
核心解释变量	GVC_P	全球价值链嵌入度	间接增加值与总出口占比加上国外增加值与总出口占比	经 WIOD 计算
控制变量	RDH	人力资本	每百万人中 R&D 研究人员的占比	世界银行 WDI 数据库
	FCR	物质资本	固定资本占 GDP 比重	世界银行 WDI 数据库
	RDR	研发投入	研发支出占 GDP 比重	世界银行 WDI 数据库
	PQ	基础设备条件	港口质量	世界银行 WDI 数据库
	DFCR	金融发展水平	金融部门提供国内信用贷款占 GDP 的比重	世界银行 WDI 数据库
	OFDIR	对外投资水平	对外直接投资额占 GDP 比重	世界银行 WDI 数据库

③对外直接投资。一国往往通过对外直接投资来实现全球的产业布局,并且跨国公司在全球价值链上起到主导作用,制造业跨国公司可以带动出口,同时巩固和扩大企业国际市场份额(黄凌云,2014)。选取对外直接投资额占 GDP 比重(OFDIR)来衡量一国对外直接投资水平控制变量。表5.1说明这些变量的名称和构造方法。

5.2.3 数据说明与分析

考虑到数据的可获取性和全球高端制造业网络的演变,主要从WIOD 数据库选取 2000—2014 年最新世界投入产出表测算 42 个国家①组成的局域网络的中心性地位和全球价值链嵌入度,从世界银行 WDI 数据库选取所需的人力资本、物质资本、基础条件、对外直接投资占比和高科技产品出口占比作为控制变量,控制变量中有部分年份的数据缺失用均值代替。在计量模型回归之前,先对核心变量以图的形式展示全球价值链嵌入度与全球高端制造业网络中心地位之间的关系。从图5.1—图 5.3 可见,全球价值链嵌入均与度数中心度和接近中心度呈正向关系,但与中间中心度却显示较平稳负向关系。

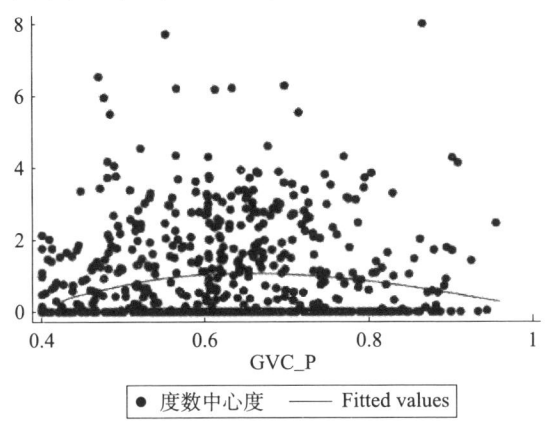

图 5.1 度数中心度与全球价值链嵌入

---

① 42 个选定国家与第 4 章一致。

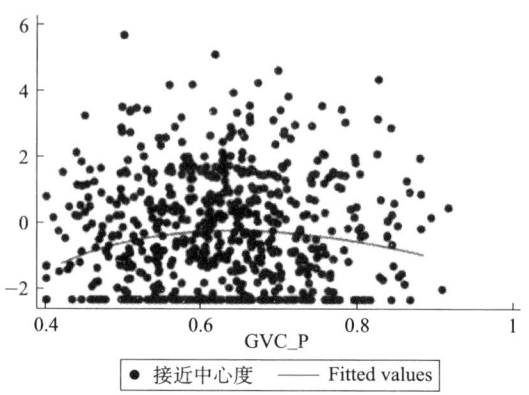

图 5.2　接近中心度与全球价值链嵌入

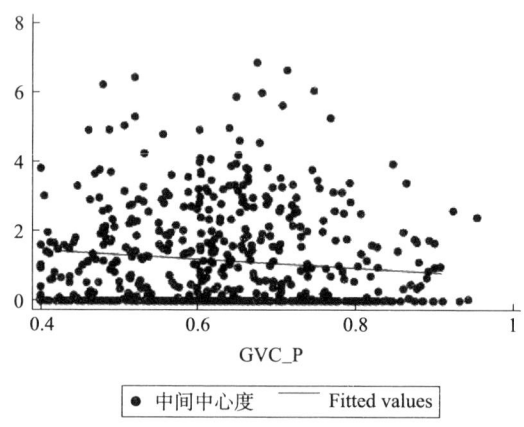

图 5.3　中间中心度与全球价值链嵌入

5.3　实证结果分析

5.3.1　基准回归结果

表 5.2 的基准回归结果包括核心变量回归模型和加入了控制变量与

核心变量一起回归的模型。全球价值链嵌入提高有利于提升全球高端制造业贸易网络的贸易规模及贸易自由度。其原因是国际分工细化，各国生产及贸易往来加强，提高全球价值链嵌入程度可以提升网络贸易联系强度，并在全球贸易网络中处于更加自由的地位。但全球价值链的嵌入对中间中心度的回归结果呈显著负向关系，可能大多数国家参与全球价值链分工所获真实利润非常微薄，即使提高了全球价值链嵌入程度，却无法提升网络控制贸易交往能力，即嵌入程度越深在网络中的控制能力越差。改革开放后，中国融入国际分工网络，不断获取网络中知识与技术，扩大网络贸易规模和提高网络贸易自由度。在中国工业发展初期参与国际分工促进了产品的工艺升级和技术改进，但主要集中于劳动密集型产品的技术提升，而高端制造业的产品核心技术都被发达国家垄断，其他国家长期处于全球贸易网络边缘位置，难以步入网络核心地位，在整个网络中不具话语权。

从加入控制变量的模型的回归结果来看，大部分的结果都与预期相符。其中生产要素是最显著的影响因素，可见发展高端制造业需要不断地提高人力资本和物质资本的投入，固定资产投入占比（FCR）和研发人员数量（RDH）对全球高端制造业贸易网络的中心地位都有显著的正向影响。同时扩大研发投入占比（RDR）可以提升全球高端制造业网络的贸易自由度。基础设备条件也显著地影响着网络中心地位，其中港口质量（PQ）同样对高端制造业网络的中心地位提升起到促进作用，优化国家的港口质量可以减少交易成本进而提升贸易纯利润和增加值。但金融部门提供国内信用占比（DFCR）只对接近中心度呈显著正向影响，即金融部门提高国内信用贷款占比可以提升网络的自由度。而金融部门提高国内信用贷款占比却降低了网络贸易规模，可能要扩大全球高端制造业的网络贸易规模需要减少国内信用贷款占比，同时加大国外信用贷款占比。而对外直接投资占比（OFDIR）系数大部分为正，但没有通过统计上的显著性检验，说明对外直接投资占比对全球高端制造业网络的中心地位影响是有限的。虽然对外直接投资可以扩大一国在全球的产业布局,但大部分的对外投资都是相对落后的产业,这对提升全球高端制造业网络的中心地位的作用相对较小。

表5.2 基准回归结果

变量	(1) 度数中心度		(2) 接近中心度		(3) 中间中心度	
GVC_P	1.540** (0.628)	1.781*** (0.608)	0.253* (0.151)	0.337** (0.149)	-0.143** (0.098)	-0.162*** (0.0099)
RDH		1.109*** (0.289)		0.345*** (0.0709)		-0.0468 (0.142)
FCR		0.0986*** (0.0178)		0.0164*** (0.00438)		0.0108 (0.00877)
RDR		0.135 (0.119)		0.0802*** (0.0293)		-0.0894 (0.0588)
PQ		0.381* (0.218)		0.222*** (0.0535)		0.0117 (0.107)
DFCR		-0.00523** (0.00254)		0.00332*** (0.000623)		-9.28e-05 (0.00125)
OFDIR		0.000541 (0.00223)		0.000353 (0.000547)		-0.000548 (0.00110)
常数项	-0.277 (0.400)	-11.51*** (2.796)	0.284 (0.190)	2.060*** (0.686)	0.963*** (0.245)	-0.0220 (1.375)
国家i	是	是	是	是	是	是
年份	是	是	是	是	是	是
观测值	630	630	630	630	630	630
R^2	0.010	0.092	0.004	0.167	0.009	0.013
国家样本量	42	42	42	42	42	42

注:括号中的值为标准差,***、**、*分别表示在1%、5%、10%的统计水平上显著,后表均同。

5.3.2 非线性回归结果

根据全球价值链嵌入与全球高端制造业贸易网络中心地位的数据散

点图可知,全球价值链嵌入与全球高端制造业贸易网络中心地位可能存在非线性关系,基于上述基准回归结果,加入全球价值链嵌入的平方项(GVC_P2)进行 OLS 回归,从表 5.3 可知,全球价值链嵌入的平方项对全球高端制造业网络的贸易规模和贸易自由度呈负向影响关系,说明当全球价值链嵌入程度达到一定"门槛"值,发达国家会阻止大多数发展中国家的技术进步和产业升级,从而降低发展中国家在全球高端制造业网络的贸易规模和自由度,使发展中国家在全球高端制造业网络中处于被控制的地位。以前中国依靠劳动力成本优势大量生产高端制造业的非核心部件,从贸易规模上中国已处于领先地位,但从产业演化路径来看,中国现已步入工业化发展中后期,伴随"人口红利"逐渐消失,贸易规模会逐渐下降。如果中国还是一味地深度参与全球价值链分工,将会导致无法改变中国陷入"低端锁定"局面,更无法融入网络核心位置。因此,全球价值链嵌入与全球高端制造业网络的贸易规模和贸易自由度是倒 U 型关系。

表 5.3 非线性回归结果

变量	(1) 度数中心度	(2) 接近中心度	(3) 中间中心度
GVC_P	7.911*	3.048**	-3.433***
	(5.566)	(1.507)	(0.425)
GVC_P2	-4.797*	-2.122**	2.814
	(3.131)	(1.121)	(2.070)
观测值	630	630	630
R^2	0.094	0.171	0.019
国家样本量	42	42	42

注:所有回归均加入控制变量、年份和国家的固定效应。

5.3.3 进一步异质性分析

根据第 4 章可知,网络异质性是指网络中是否有结构洞和弱关系存在，为了进一步分析全球价值链嵌入对高端制造业个体网络是否存异质性，基于个体中心网络结构洞的三项指标：有效规模效率（SHE）、限制度（SHC）和等级度（SHD），用全球价值链嵌入与结构洞三项指标进行回归，从表5.4可见，一国全球价值链嵌入显著影响着该国高端制造业个体网络的中心地位，其中全球价值链嵌入与网络限制度呈显著正向影响。说明增强全球价值链嵌入程度增加了高端制造业个体网络被限制的程度，由于高端制造业的价值链高端环节被发达国家掌控，发展中国家一直处于全球价值链低端环节，嵌入越深反而会提高在网络中被控制的程度。而全球价值链嵌入显著负向影响个体贸易网络等级度，说明提高全球价值链嵌入程度会降低该国在网络中控制贸易交往的能力。这个结果与假设 H3 保持一致。跨国公司主导全球生产网络中的要素资本、中间产品在世界范围内流动日益频繁，并带动国际分工不断细化和生产环节进一步分解，中国在深度参与全球价值链分工后，受到贸易网络领导企业的制约，其嵌入越深，受制约的程度越大。

表5.4　　　　　　　　　个体中心网络异质性回归

变量	（1） 有效规模效率	（2） 限制度	（3） 等级度
GVC_P	-0.102 (0.0828)	0.137** (0.0698)	-0.399*** (0.120)
观测值	630	630	630
R^2	0.019	0.020	0.036
国家样本量	42	42	42

注：所有回归均加入控制变量、年份和国家的固定效应。

5.3.4　稳健性检验

采用两个处理内生问题的方法对模型实施稳健性检验，采用工具变量两阶段最小二乘法和系统广义矩估计法处理模型内生性问题。

(1) 分位数回归稳健性检验

为了验证上述回归结果的真实性,采用分位数回归对该结果做稳健性检验。由于基准面板回归是用 OLS 普通最小二乘进行估计,其回归结果得出的系数考察的是全球价值链嵌入对网络中心地位的平均效应,无法度量分布上尾和下尾的影响,因此,运用分位数回归相对于经典的 OLS 回归具有独特的优势。为了考察全球价值链嵌入度对全球高端制造业网络地位在不同分位上的影响效应,根据 Koenker(2004)提出在控制的国家和年份效应的基础上对 5%、25%、50%、75% 和 90% 不同分位数进行定点回归,得出分位数回归结果见表 5.5。

表 5.5 分位数回归结果与基准回归结果大致相同,全球价值链嵌入度仍然显著地影响着全球高端制造业网络中心地位。从不同分位数的定点回归结果来看,全球价值链嵌入度对度数中心度和接近中心度呈正向影响,对中间中心度仍是呈显著的负向影响。以此可以推断全球价值链嵌入度显著的影响着全球高端制造业贸易网络中心地位是稳健的。

表 5.5　分位数回归结果

度数中心度					
分位数	10%	25%	50%	75%	90%
GVC_P	2.6202** (1.4132)	2.6205** (1.4132)	2.6204** (1.4131)	2.6205** (1.4132)	2.6208** (1.4133)
观测值	630	630	630	630	630
接近中心度					
分位数	10%	25%	50%	75%	90%
GVC_P	0.2936** (0.1613)	0.2937** (0.1614)	0.2938** (0.1614)	0.2938** (0.1614)	0.2937** (0.1614)
观测值	630	630	630	630	630
中间中心度					
分位数	10%	25%	50%	75%	90%
GVC_P	-0.2864** (0.1724)	-0.2866** (0.1724)	-0.2861** (0.1722)	-0.2860** (0.1723)	-0.2860** (0.1724)
观测值	630	630	630	630	630

注:所有回归均加入控制变量、年份和国家的固定效应。

(2) 加入滞后一期和工具变量

计量模型的内生性问题可能是核心变量互为因果关系或遗漏变量等造成的。采用全球价值链嵌入滞后一期处理模型互为因果的内生性问题，通过表5.6（1）—（3）结果可见，全球价值链嵌入仍显著正向影响着网络度数中心度和接近中心度，与中间中心度仍然呈显著的负向关系。这个结果与基础回归结果一致。由于其他国家全球价值链嵌入平均值会与本国全球价值链嵌入有密切的关系，而不会影响本国的全球高端制造业网络中心地位。为了进一步处理模型内生性问题，在加入全球价值链嵌入滞后一期的基础上，再用其他国家全球价值链嵌入平均值作为工具变量进行两阶段最小二乘法回归。从表5.6（4）—（6）可见，全球价值链嵌入对度数中心度和中间中心度影响仍很显著。工具变量通过了过度识别和弱工具变量的检验。不管是加入核心解释变量滞后一期还是加入工具变量进行两阶段最小二乘法，全球价值链嵌入对全球高端制造业网络中心地位的影响依然显著，说明基准回归结论是稳健的。

表5.6　　　　　　　　　　内生性处理

变量	将核心解释变量滞后一期			两阶段最小二乘法		
	（1）度数中心度	（2）接近中心度	（3）中间中心度	（4）度数中心度	（5）接近中心度	（6）中间中心度
GVC_P	1.320*** (0.522)	0.8419** (0.273)	-0.765*** (0.219)	1.657*** (0.389)	1.423 (1.112)	-0.867*** (0.236)
观测值	588	588	588	588	588	588
国家样本量	42	42	42	42	42	42
LM				403.52***	3531.23***	955.23***
Wald F				212.80***	632.65***	456.21***
R^2	0.093	0.168	0.015			

注：所有回归均加入控制变量、年份和国家的固定效应。

(3) 系统广义矩估计（SYS-GMM）

考虑到全球高端制造业网络中心地位演变的动态性和延续性，在解释变量中加入被解释变量的一阶滞后期（L.y）。但加入被解释变量的滞后期会给模型带来内生性问题，因此，采用系统广义矩估计SYS-

GMM 的方法，此方法可以处理内生性问题、小样本偏误和弱工具变量的问题。从表 5.7 可知模型不存在二阶段序列相关的问题，全球价值链嵌入依旧显著正向影响着全球高端制造业网络中心地位，而且三个中心度都在 1% 水平下显著保持与基准回归一样的结果。

表 5.7　　　　　内生性处理（SYS-GMM）回归结果

变量	（1） 度数中心度	（2） 接近中心度	（3） 中间中心度
L. y	0.756 *** （0.00432）		
L. y		0.563 *** （0.00535）	
L. y			0.954 *** （0.00662）
GVC_P	0.342 *** （0.0822）	0.724 *** （0.0634）	-0.271 *** （0.0457）
AR（1）	0.0653	0.0072	0.0086
AR（2）	0.9690	0.2589	0.2481
观测值	588	588	588
国家样本量	42	42	42

注：所有回归均加入控制变量、年份和国家的固定效应。

5.4　小结

基于第 4 章分析全球高端制造业贸易网络的中心地位，根据 WIOD 世界投入产出表数据库测算全球价值链参与率，构建模型实证分析了全球价值链嵌入对全球高端制造业网络地位的影响，论证了第 3 章提出的前 3 个研究假设。

第一，参与全球价值链分工总体上有利于全球高端制造业贸易网络的中心地位的提升。全球价值链嵌入有利于网络贸易规模和贸易自由度的提升，但不利于网络贸易控制交往能力的提升，即嵌入程度越深网络中的控制能力越差。中国在工业发展初期融入国际分工网络，承接国际产业转移，不断获取网络中流动的知识与技术，再加上劳动力成本优势，快速地扩大了中国进出口贸易总量。但在融入被发达国家主导的国际分工网络过程中，嵌入程度越深越容易被网络中的领导企业控制。从控制变量来看，其中生产要素对网络中心地位的影响具有统计的显著性，提高人力和物质资本、促进研发投入都有利于提升全球高端制造业贸易网络的中心地位。基础设备条件也显著地影响着网络中心地位，其中港口质量对网络的中心地位起到促进作用，而金融发展水平却只对接近中心度呈显著正向影响，与度数中心度呈显著负向关系，即提高金融部门的国内信用贷款占比可以提升网络中贸易自由度，却不利于网络贸易规模。对外直接投资占比对网络中心地位大部分不具统计上的显著性。

第二，从国家制造业演化路径来看，全球价值链嵌入度与全球高端制造业网络的贸易规模和贸易自由度呈先上升后下降的倒U型趋势。根据全球价值链嵌入度与全球高端制造业网络的数据散点图发现，可能两者存在非线性关系。因此，在基准模型基础上加入全球价值链嵌入的平方项（GVC_P2）进行回归，结果表明全球价值链嵌入的平方项对全球高端制造业网络的贸易规模和贸易自由度呈负向关系。中国经过40余年的改革开放，已步入工业化发展中后期，科技实力是新中国成立以来与世界前沿的科技差距最小的时机，全球价值链地位越接近的国家，其贸易摩擦也越多。因此，当中国嵌入全球价值链的程度达到一定"门槛"值，发达国家会制定一系列政策措施阻止中国的技术进步和产业升级，从而降低中国在全球高端制造业网络的贸易规模和自由度，企图锁定中国在全球高端制造业贸易网络中被控制的局面。

第三，全球价值链嵌入与高端制造业个体网络中心地位存在异质性。异质性是指网络中是否有结构洞和弱关系存在，基于个体中心网络结构洞的三项指标：有效规模效率（SHE）、限制度（SHC）和等级度

(SHD)，用全球价值链嵌入与结构洞三项指标进行回归分析，发现一国全球价值链嵌入显著影响着该国高端制造业个体网络的中心地位，其中全球价值链嵌入与网络限制度呈显著正向关系。表示一国增强全球价值链嵌入程度会使其在贸易网络被限制的程度更深；而全球价值链嵌入对网络等级度呈现显著负向影响，表示一国提高全球价值链嵌入程度反而会降低贸易网络中控制贸易交往的能力。由于大多数发展中国家在全球高端制造业贸易网络中位置处于低端锁定位置，全球价值链的嵌入越深，反而会降低高端制造业个体网络的控制贸易交往能力。

在此利用国际动态面板数据和实证模型，验证了第 3 章提出的前 3 个研究假设。由此可知，当国家的制造业发展到一定水平，全球价值链嵌入程度越深反而降低在全球贸易网络的中心地位，这一结论揭示了现阶段中国高端制造业发展瓶颈问题，虽然我国在全球高端制造业贸易网络的规模很大，但大而不强的现象说明原有的全球价值链嵌入模式存在问题。我们需要积极探索适应当前我国经济发展的产业模式，在参与全球价值链基础上，培育本土世界级高端制造业集群，打造全球—地方网络互动的新型产业模式，从而攀升至全球价值链中高端，提高全球价值链嵌入位置。下一章将探索全球—地方网络的双重嵌入对中国高端制造企业技术升级的传导机制，以便为发展中国高端制造业的提供科学经验证据。

第 6 章

全球—地方网络双重嵌入对中国高端制造企业技术升级的传导机制

第6章 全球—地方网络双重嵌入对中国高端制造企业技术升级的传导机制

基于新经济地理理论分析框架，使用中国工业企业数据库和中国投入产出表，以我国加入 WTO 之后贸易环境进一步自由化发生的外生政策冲击作为自然实验，从动态角度考察我国非关税壁垒取消后全球—地方网络的双重嵌入对技术升级的传导机制。首先，通过双重差分法考察嵌入全球网络对高端制造业地方网络形成的影响；其次，建立递归方程组，挖掘我国高端制造企业技术升级传导机制。最后，通过微观实证分析不同产权性质和不同区域的高端制造企业技术升级的传导机制，验证第 3 章提出的研究假设 H4、H5、H6。

6.1 引言

改革开放后中国企业积极参与国际分工，承接大量国际产业转移，改变了原来封闭的市场，产生大量国外需求与供给，扩大了国内专业化生产与分工，为减少生产成本，形成规模经济，催生了企业区域集聚的现象。发达国家为了整合全球资源、构建国际竞争力推动跨国公司的发展，跨国公司在中国大量涌现，为中国企业带来了先进管理经验、资本与技术，提升了生产技术水平，推动了产品工艺升级。

在加入 WTO 之前，我国外贸政策有限制进口的倾向，并且有外贸经营权的企业主要集中于国有大型企业，企业进出口活动缺少市场竞争机制。加入 WTO 之后，我国的关税减让政策从理论上有利于形成市场竞争，推动产业升级。那么在深度参与全球价值链分工体系后能否像改革开放早期一样继续推动产业升级？事实证明，加入 WTO 为我国经济带来飞速的发展，各种经济功能区得以快速地扩张，进而促使产品规模得以快速地增长。但数量的飞速增长和质量的缓慢提升造成了当前我国供给与需求结构不匹配的问题。应该探索适应当前经济状态的中国高端制造业发展新模式，挖掘其内在传导机制。这为我国进一步深化供给侧结构性改革，推动产业攀升至全球价值链中高端具有深刻的政策含义。

6.2 经验识别方法

企业嵌入全球贸易网络对技术升级很大程度上存在内生性问题，回归估计结果可能受到内生性的干扰。为了从经验上识别全球—地方网络嵌入对企业技术升级的影响，将取消非关税壁垒这一政策作为一个贸易自由化环境发生的外生政策冲击，因此采用双重差分法（difference-in-difference，DID）来解决模型内生性问题。根据第3章的贸易自由化对产业升级的传导机制理论分析，需要模型化全球—地方网络嵌入对企业技术升级影响过程。

6.2.1 自然实验环境

改革开放之初，外贸进出口主要由国有企业主导，且实行的是鼓励出口限制进口的贸易政策。尽管在20世纪末我国实施大幅度削减进口关税，但相对发达国家而言，我国仍是以保护出口为主的自由化贸易。加入WTO后，为了履行成员国的义务，我国承诺进一步削减关税、取消非关税壁垒和放开外贸经营权。

贸易自由化深入主要体现在非关税壁垒的取消和外贸经营权的放开，2002—2005年分商品逐步取消非关税壁垒，自2004年7月1日起取消外贸经营权审批制，全面放开外贸经营权。我国进出口贸易数量和企业经营主体发生巨大改变，贸易自由化增加了进出口企业数量，加大进出口贸易额，根据图6.1可见，高端制造业进出口数量在2002—2007年一直在增长，但在2005年后增长率要高于2005年之前。国有企业进口增速明显比非国有企业更慢，在出口方面，国有企业在2005年之后增速在下降,由于外贸经营权的放开,分散了进出口商品的企业性质,更多的私营企业和外资企业从事进出口业务,从而分割了国有企业进出口业务(见图6.2)。

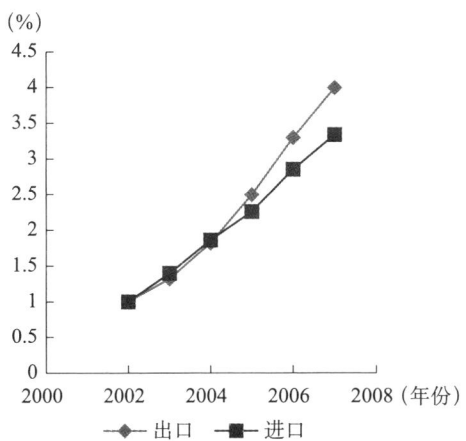

图6.1　中国高端制造业进出口增长率趋势

注:所有价值指数都是以2002年基期的实际值。

资料来源:《中国海关统计年鉴》。

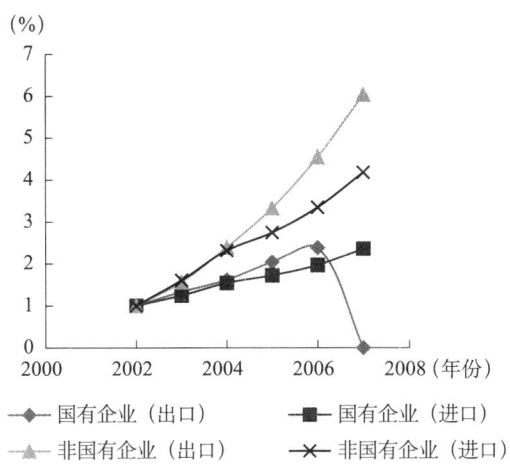

图6.2　不同企业产权进出口增长率趋势

在此背景下,引用一个"自然实验环境"——加入WTO后非关税贸易壁垒的取消带来的政策冲击。非关税贸易壁垒的取消让更多企业参与国际分工,融入全球贸易网络企业,获取了网络内流动的知识和技术,为企业提升工艺升级和产品升级带来机会,对于微观企业来说这种政策冲击是近似外生的,基于这个准自然实验,可以揭示中国高端制造企业技术升级的内在传导机制。

表6.1描述了取消非关税壁垒前后高端制造企业平均成本的变化。2005年前后,虽然高端制造企业层面的平均价格成本加成都为正数,但取消非关税壁垒的企业与没有取消非关税壁垒的企业平均价格成本加成前后变化是相反的。取消非关税壁垒的高端制造企业平均价格成本是下降的,而没有取消非关税壁垒的高端制造企业平均价格成本是上升的。这可以表明非关税壁垒的取消给高端制造业带来了一个明显的外生政策冲击。因此,将取消非关税壁垒的高端制造企业设为处理组,没有取消非关税壁垒的高端制造企业设为控制组。

表6.1 非关税壁垒取消对市场势力的影响

变量	组别	2005年之前	2005年之后	差分
E(PCM)	非关税壁垒被取消的高端制造企业	0.209	0.196	-0.013
	非关税壁垒没被取消的高端制造企业	0.145	0.210	0.065
	差分	0.064	-0.014	-0.078

注:E(PCM)表示高端制造企业平均成本加成;2005年之后包含了2005年。

6.2.2 计量模型设定

在整个计量过程中,通过建立递归方程组来剖析全球—地方网络对企业技术升级的传导过程和影响机制。

$$SCI_{jt} = \alpha_i + \alpha_t + \beta_1 D_{nt} + \beta_2 X_{jit} + \beta_3 Z_{jt} + \beta_4 D_s + u_{jit} \quad (6-1)$$

$$SEV_{jt} = \alpha_i + \alpha_t + \theta_1 SCI_{jt} + \theta_2 X_{jit} + \theta_3 Z_{jt} + \theta_4 D_s + \mu_{jit} \quad (6-2)$$

$$RDI_{jit} = \alpha_i + \alpha_t + \delta_1 SEV_{jt} + \delta_2 X_{jit} + \delta_3 Z_{jt} + \delta_4 D_s + \pi_{jit} \quad (6-3)$$

$$IO_{jit} = \alpha_i + \alpha_t + \gamma_1 RDI_{jit} + \gamma_2 X_{jit} + \gamma_3 Z_{jt} + \gamma_4 D_s + \varepsilon_{jit} \quad (6-4)$$

方程中下标j表示企业所在产业,i表示企业,t表示时间。每个方

程都包含 α_i 为企业固定效应，α_t 为时间固定效应。X_{jit} 是企业层面一组控制变量，Z_{jt} 是四位数产业层面一组控制变量。D_s 是产业层面的哑变量，用来控制各个产业不同的创新机会和技术特征对企业研发密度的影响①。β、θ、δ、γ 分为递归方程中估计系数，u_{jit}、μ_{jit}、π_{jit} 和 ε_{jit} 分别为递归方程中随机扰动项。

由四个方程组成的递归方程系统可能存在内生性问题，为了解决递归方程的内生性问题，得到无偏有效的估计结果，运用 DID 双重差分法和工具变量法来避免递归方程中的识别和估计问题。

模型（6-1）是地方网络集聚形成方程，它描述了我国取消非关税壁垒对本土产业集聚的影响，D_{nt} 是方程中的核心哑变量，指在加入 WTO 后是否取消非关税壁垒，$D_{nt} = 0$ 表示非关税壁垒取消之前的年份及一直没有经历过非关税壁垒取消的企业，$D_{nt} = 1$ 表示非关税壁垒取消之后年份的企业。因此，模型（6-1）是一个双重差分（DID）模型。其中 β 衡量非关税壁垒取消之后对本土产业集聚的影响。

模型（6-2）是制造业服务化方程，它描述了产业集聚对制造业服务化的影响。如果模型（6-1）得到显著的 SCI_{jt} 预测值 $SCI_{jt}\_hat_{jt}$，把预测值替代 SCI_{jt} 到模型（6-2）作为工具变量处理模型（6-2）内生性问题，从而可以得到 SEV_{jt} 无偏的估计系数②。

模型（6-3）是创新投入方程，它描述了制造业服务化对创新密度的影响。像模型（6-2）处理内生性问题一样，如果模型（6-2）显著，可以在模型（6-3）中把预测值 $SEV_{jt}\_hat_{jt}$ 替代 SEV_{jt} 作为工具变量，得到 RDI_{jit} 回归无偏估计系数。

模型（6-4）是创新产出方程，它包括产品创新和过程创新。它描述了创新密度对创新产出的影响，同理把模型（6-3）显著的 RDI_{jit}

---

① Alvarez et al.（2011）指出度量产业创新机会和技术特征是很困难的，在没有专门调查数据的情况下，一般用产业层面的哑变量来控制。

② 本方法参考简泽等（2017）在《中国工业经济》发表的《市场竞争的创新性、破坏性与技术升级》一文。

预测值 $RDI_{jit}\_hat_{jit}$ 代入模型（6-4）作为工具变量，就可得到 IO_{jit} 无偏估计系数。

6.2.3 数据来源

基于国家统计局公布的 1998—2007 年中国工业企业数据库和 WIOD 数据库中国投入产出表，选择政策冲击前后三年 2002—2007 年作为研究时间段。借鉴（Brandt et al.，2012；余淼杰，2010）的方法对数据库进行处理：其一，对数据库有基本逻辑问题的样本进行删除，比如剔除职工人数、工业总产值、固定资产指数为负数的，工业增加值少于工业总产值、总资产少于固定资产的企业；其二，对一些关键指标缺失或极端的样本进行删除；其三，采用 ISICv.4 国际行业分类标准与 GBT4754—2002 国民行业分类标准匹配出中国工业企业数据库中的中国高端制造企业，形成非平衡面板微观数据集。

6.2.4 变量构造

根据中国工业企业数据库和中国投入产出表测算递归方程组所需核心变量，主要包括地方网络集聚指数 SCI、全要素生产率 TFP 和制造业服务化 SEV 等。其余变量都可通过中国工业企业数据库提供的原始数据信息进行简单测算，构成产业层面和企业层面的控制变量。表 6.2 详细说明各变量名称和构造方法。

表 6.2　主要变量及构造方法

变量	名称	描述
核心变量		
SCI_{it}	地方网络集聚	E-G 指数结合空间基尼指数和赫芬达尔指数
SEV_{it}	制造业服务化	服务部门在四位数制造产业完全消耗系数
RDI_{jit}	R&D 投入密度	R&D 投入与产品销售收入的比

续表

变量	名称	描述
NPR$_{jit}$	产品创新	新产品产值与企业总产值的比
lgTFP$_{jit}$	过程创新	用 LP 方法估计的企业全要素生产率
控制变量		
企业层面		
lgAsset$_{jit}$	企业规模	用贴现后的企业总资产度量
lgAge$_{jit}$	企业年龄	根据数据库报告的企业成立时间推算
Ownship$_{jit}$	所有制	国有资本占实收资本的比重
Export$_{jit}$	出口密度	出口占当年生产总值的比重
产业层面		
lgKI$_{it}$	资本密度	四位数产业层面资本存量与劳动投入的比重
RSC$_{it}$	国家干预情况	四位数产业国有资本占总实收资本的比重

注：所有价值指数都是以 1998 年基期的实际值，除了哑变量、比率，其余均取对数。

（1）地方网络集聚指数（SCI）

地方网络集聚用产业集聚指数 SCI 表示，产业集聚是企业生产率提升的一个重要因素。李波和杨先明（2018）研究发现贸易便利化有利于促进产业集聚程度较高行业企业的生产率进步。Ellision 和 Glaeser（1997）提出了新的集聚指数测算产业的空间集聚程度①。采用 E-G 指数测算产业集聚，该指数充分考虑了企业规模、产业组织和区域差异可以跨时间、跨产业进行比较，弥补了既往产业集聚的缺陷（李瑞琴和孙浦阳，2018）②。其测算公式为：

$$SCI_{jt} = \frac{\sum_{k=1}^{M} (x_{kt} - s_{jkt})^2 - (1 - \sum_{k=1}^{M} x_{kt}^2) H_{jt}}{(1 - \sum_{k=1}^{M} x_{kt}^2)(1 - H_{jt})} \quad (6-5)$$

---

① Ellison G, Glaeser E L. Geographic Concentration in U. S. Manufacturing Industries: A Dartboard Approach [J]. Journal of Political Economy, 1997, (105): 889-927.
② 李瑞琴，孙浦阳. 地理集聚与企业的自选择效应——基于上、下游关联集聚和专业化集聚的比较研究 [J]. 财贸经济, 2018 (4): 114-129.

其中 SCI_{jt} 表示 E-G 指数，$\sum_{k=1}^{M}(x_{kt}-s_{jkt})^2$ 表示产业空间基尼系数 G_{jt}，此系数反映空间区域集聚程度，其中 k 表示不同的区域，M 表明区域的总数，x_{kt} 表示 k 区域 t 时期就业人数占全国总就业人数的比重；s_{jkt} 为 k 区域 t 时期 j 产业就业人数占该产业的全国总就业人数的比重。其中 H_{jt} 为赫芬达尔指数，表明市场规模集聚度，表示所有企业产品销售收入占 j 行业总产品销售收入百分比的平方和加总。E-G 正负与区域集聚水平和规模集聚水平相关（韩增林等，2017）。

（2）制造业服务化 SEV

随着服务业对制造业价值增值的贡献越来越大，制造业服务化已成为当前制造业产业升级重要力量（郭旭红等，2016）。其中制造业服务化率通过中国投入产出表进行测算（刘斌等，2016），即：

$$SEV_{ij} = a_{ij} + \sum_{k=1}^{n} a_{ik}a_{kj} + \sum_{s=1}^{n}\sum_{k=1}^{n} a_{is}a_{sk}a_{kj} + \cdots \quad (6-6)$$

其中等式左边 SEV_{ij} 表示制造业 j 的生产性服务化率，包括服务业 i 投入制造业 j 直接和间接消耗系数。右边第一项 a_{ij} 表示服务业 i 投入制造业 j 直接消耗系数，第二项表示第一轮间接消耗系数，第三项表示第二轮间接消耗系数，依此类推。测算完全消耗系数更能全面反映制造业中的服务投入。在测算过程中把服务业分为批发和零售服务化、运输服务化、信息服务化、金融服务化和技术服务化等类型。

（3）全要素生产率 TFP

全要素生产率是产业升级的核心要素，以往大多文献是用 TFP 指标衡量产业升级。关于全要素生产率的测算，主要以索洛余值法比较多，即用柯布—道格拉斯生产函数估计出来的残差作为 TFP 增长率。但此方法具有内生性问题，从而导致估计出来的结果是有偏的。后续学者分别提出了以企业投资额作为代理变量的 OP 法和以企业中间投入品作为代理变量的 LP 法处理模型的内生性问题。根据数据库观测发现存在大量企业投资额为零的样本，而企业中间投入品的样本中缺失值和零值比较少，所以选择 LP 法进行 TFP 的测算。其测算过程通过 C—D 生产函数来测算企业全要素生产率（简泽，2011）①：

$$Y_{it} = A_{it} K_{it}^{\alpha_K} L_{it}^{\alpha_L} \qquad (6-7)$$

其中公式左边 Y_{it} 表示 t 时期 i 企业净产出，K_{it} 表示 t 时期 i 企业投入的资本量，L_{it} 表示 t 时期 i 企业投入的劳动量，α_K 表示资本产出弹性，α_L 表示劳动产出弹性，那么 t 时期 i 企业的 TFP 表示为：

$$TFP_{it} = A_{it} = \frac{Y_{it}}{K_{it}^{\alpha_K} L_{it}^{\alpha_L}} \qquad (6-8)$$

将方程两边取对数可得：

$$\mathrm{Lh} Y_{it} = \alpha_0 + \alpha_K \mathrm{Lh} K_{it} + \alpha_L \mathrm{Lh} L_{it} + u_{it} \qquad (6-9)$$

通过公式（6-8）可知全要素生产率要从误差项 u_{it} 估计量计算出来，u_{it} 包括纯粹随机冲击 ϵ_{it} 和企业面临具体生产率冲击 μ_{it}，所以模型（6-9）可以进一步表示为：

$$\mathrm{Lh} Y_{it} = \alpha_0 + \alpha_K \mathrm{Lh} K_{it} + \alpha_L \mathrm{Lh} L_{it} + \epsilon_{it} + \mu_{it} \qquad (6-10)$$

作为理性的企业会对 μ_{it} 做出反应，特别是容易调整非固定投入中的劳动投入可能与 μ_{it} 有关系。因此，模型（6-10）会产生内生性问题，估计出来的全要素生产率是有偏的，采用 LP 法做内生性处理取得 α_K 和 α_L 无偏估计。

6.2.5 描述性统计分析和平行趋势检验

（1）描述性统计分析

在做回归分析之前，先对变量做描述性统计分析，从表 6.3 可见，SCI 产业集聚所有值都为负数，表明高端制造业在加入 WTO 后 5 年中仍是规模集聚水平大于区域集聚水平，说明企业垄断性较强，市场规模集聚程度大。SEV 制造业服务化水平在高端制造企业比重较高，RDI 创

---

① 简泽. 企业间的生产率差异、资源再配置与制造业部门的生产率 [J]. 管理世界，2011（5）: 11-23.

新密度数据缺失较多,而且还有负数,表明部分企业研发投入在减少,全要素生产率的数据有部分是负数。

表6.3 描述性统计分析

变量	观测值	均值	标准差	最小值	最大值
SCI	57245	−0.0990073	0.0005809	−0.113653	−0.098965
SEV	57245	0.2069972	0.041051	0.0924382	0.2827607
RDI	34139	0.0094244	0.0342955	−0.2565039	0.989056
NPR	46666	0.097028	0.2566003	0	1
lgTFP	55624	1.89258	0.2194202	−4.9675	2.625235
lgAsset	57245	10.34072	1.55414	0	17.82191
lgAge	56024	1.835621	0.8621604	0	6.008813
Ownship	56965	573122	0.2139049	0	1.119131
Export	46666	0.2911911	0.4072307	0	5.838567
RSC	57245	0.0719708	0.033435	0.0394026	0.1394085
lgKI	57245	1.656211	0.0060854	1.647605	1.665072

(2) 平行趋势检验

在使用 DID 回归分析之前,先对处理组和控制组的地方网络集聚 SCI 均值和中值做平行趋势检验。从表6.4可见,非关税壁垒的取消给高端制造业带来了一个明显的外生政策冲击。因此,将取消非关税壁垒的高端制造企业作为处理组,没有取消非关税壁垒的高端制造企业设为控制组。在实行非关税壁垒政策调整前后,控制组的地方网络集聚 SCI 几乎没有发生变化,处理组在非关税壁垒政策调整后,地方网络集聚 SCI 趋势发生较明显的变化。

表6.4 平行趋势检验

变量	检验类型	组别	政策前	政策后	差异性检验
地方网络集聚 SCI	均值检验	处理组	−0.1063	−0.0998	0.021**
		控制组	−0.1101	−0.1101	0.001
地方网络集聚 SCI	中值检验	处理组	−0.1092	−0.1028	1.452**
		控制组	−0.1124	−0.1123	0.028**

注:***、**、* 分别表示在1%、5%、10%的统计水平上显著。

6.3 经验分析结果

6.3.1 全球贸易网络嵌入对地方网络集聚的影响

模型（6-1）运用双重差分法分析全球贸易网络嵌入对地方网络集聚的影响，为了克服自然实验框架中的异方差和序列相关的问题，采用的标准差均为聚类标准差。表6.5呈现经历过非关税壁垒取消和没有经历过非关税壁垒取消的产业在2005年前后产业集聚变化的结果。表6.5（1）基准估计结果表明壁垒取消的企业比壁垒没有取消的企业的地方网络集聚效果更大，表6.5（2）加入了企业层面和产业层面的控制变量：从企业层面来看，企业年龄、企业规模、企业性质和出口状况都可能影响企业地方网络集聚，因此控制了企业规模、年龄、所有制结构和出口密度；从产业层面来看，资本密度和国家的干预情况也可能影响地方网络集聚形成，因此控制了产业资本密度和产业国家干预情况。从结果来看，无论是否控制企业层面和产业层面的变量，全球贸易网络嵌入都有利于高端制造业的地方网络集聚的形成，从而验证假设H4。

从表6.5（2）的全样本估计结果可见，无论是产业层面还是企业层面的控制变量大部分都不具有统计的显著性。可能因为决定高端制造企业地方网络集聚的很多因素是不容易观测的。但是用来表示国家干预程度RSC和资本存量lgKI的回归系数通过1%的显著性水平，这意味着国家干预程度可以推动企业的地方网络集聚的形成，而产业具有比较优势却不利于地方网络集聚的形成。我国地方网络集聚的形成有市场自发形成，也有政府干预形成。形成产业集聚有利于节约贸易成本，减少信息不对称,提高企业市场竞争力。但具有比较优势的高端制造行业因为市场垄断性,加入地理集聚的意愿也比较弱。

表6.5 全球贸易网络嵌入对地方网络集聚的影响(DID估计结果)

变量	(1) SCI	(2) SCI
D	0.00210***	0.00319***
	(0.000684)	(0.00103)
lgAsset		−0.000311
		(0.000535)
lgAge		0.000225
		(0.000588)
Ownship		−0.00120
		(0.00184)
Export		−0.000167
		(0.000596)
RSC		0.0273***
		(0.00927)
lgKI		−0.335***
		(0.0785)
常数项	0.0248***	0.582***
	(0.000333)	(0.128)
企业固定效应	是	是
年份固定效应	是	是
产业固定效应	是	是
观测值	57245	45530
R^2	0.017	0.518

注:括号里报告是聚类标准差,比常规的标准差统计更加稳健,***、**、*分别表示在1%、5%、10%的统计水平上显著。后表均同。

6.3.2 地方网络集聚对制造业服务化的影响

模型(6-2)框架分析地方网络集聚对制造业服务化影响。从表

6.5（2）中估计得到预测值 SCI_ hat 代替 SCI，用 SCI_ hat 作为 SCI 的工具变量放入模型（6-2）中进行回归，考察地方网络集聚对制造业服务化的影响。从表 6.6 来看，无论是否加入控制变量，SCI_ hat 的回归系数都在 1% 的显著性水平为正数，这表明高端制造业地方网络形成有利于制造业服务化的提升。由于本土形成的地方网络，一般都由企业、政府机构、中介机构和金融机构组成，在集聚区内信息流动、资金融通、技术扩散要优于非集聚区，生产性服务化发展速度要快于非集聚区。

表 6.6（2）加入企业层面和产业层面的控制变量后，只有企业年龄的回归系数不显著，大部分都通过了统计显著性检验，其中企业规模、所有制和出口密度的系数都在 5% 的显著水平上为负数，这表明企业层面控制变量中企业规模、所有制和出口密度的提升不利于推动制造业服务化的发展。可能高端制造业企业规模越大越具有垄断性，企业内国有资产比重越大，企业的依赖性及惰性越强，企业垄断性和惰性都不利于提升制造业服务化水平。而产业层面控制变量国家干预情况和资本密度的系数都在 1% 的显著性水平上为正数，可见国家干预及产业资本存量越强越会促进制造业服务化的提升。为了提高制造业发展水平，政府会加强地方网络的服务要素的引入，引导运输、金融、咨询和技术等服务业进入集聚地，为高端制造企业发展提供良好的服务平台，从而促进了制造业服务化水平。

表 6.6　　　　　　　　地方网络集聚对制造业服务化影响

变量	(1) SEV	(2) SEV
SCI_ hat	0.485 *** (0.0660)	4.791 *** (0.164)
lgAsset		-0.00207 *** (0.000392)
lgAge		0.000635 (0.000496)

续表

变量	(1) SEV	(2) SEV
Ownship		-0.0135***
		(0.00124)
Export		-0.00175**
		(0.000757)
RSC		0.510***
		(0.0114)
lgKI		0.209***
		(0.0163)
常数项	0.225***	0.111***
	(0.00170)	(0.0245)
观测值	57245	45530
R^2	0.053	0.642

注：所有回归结果都包含企业、年份和产业固定效应。

6.3.3 制造业服务化对创新密度的影响

同样，用模型（6-2）得到地方网络预测值 SEV_hat 替代模型（6-3）中 SEV，作为模型的工具变量。从表6.7回归结果可见，无论是否控制了企业层面和产业层面的变量，制造业服务化都可以推动企业创新密度的提升。企业生产过程中投入服务元素，降低了企业的生产成本，提高了企业的利润，而利润的提升又有利于高端制造企业投入更多资金到产品研发部门，从而提高整个企业的创新密度。

表6.7（2）可见，大部分控制变量都没有通过统计显著性检验，这意味着决定企业创新密度的因素可能不容易观测。只有企业所有制在1%显著水平上为正数，相较于私营企业，国有控股的企业更注意企业的战略发展，又拥有更多国家资源，企业转型需要更多的创新投入，因此，国有资产占比更高的企业更容易提高创新密度。

表 6.7　　制造业服务化对创新密度的影响

变量	(1) RDI	(2) RDI
SEV_hat	3.347 *** (0.452)	0.331 * (0.172)
lgAsset		0.000399 (0.000567)
lgAge		0.000458 (0.000777)
Ownship		0.00585 *** (0.00179)
Export		-0.000234 (0.000938)
RSC		-0.102 (0.0685)
lgKI		-0.631 (0.959)
常数项	-0.472 *** (0.0656)	0.983 (1.534)
观测值	34139	33292
R^2	0.083	0.563

注：所有回归结果都包含企业、年份和产业固定效应。

6.3.4　创新密度对创新产出的影响

通过模型（6-3）得到预测值 RDI_hat 替代模型（6-4）RDI 作为工具变量，进一步分析企业创新密度对创新产出的影响。创新产出分为产品创新 NPR 和过程创新 lgTFP。表 6.8（1）—（2）以产品创新 NPR 作为被解释变量，结果显示了创新密度对创新产出的影响。从表 6.8（1）回归结果可见，RDI_hat 的系数在 1% 显著性水平上为正数。进一步加入企业层面的企业规模、年龄、所有制、出口密度和产业层面的国家干预情况、资本密度后,从表6.8(2)回归结果可见,RDI_hat的系数仍在1%的显著性水平上为正数,这表明创新密度有利于产品创新的提升。表6.8(3)—(4)分别报告了没有加控制变量和加入控制变量的创新密度对企业生产率的影响,RDI_hat估计结果仍然在1%的显著性水平上为正数。因此,以上估计结果验证了假设H5和H6。

从两组不同被解释变量的结果来看,企业层面的企业规模、年龄、出口密度和产业层面的资本密度的系数都在5%显著性水平及以上为正数。可能企业拥有较大规模会产生规模效应,规模效应带来新产品产值和生产率的提高。而且企业在出口过程中需要按进口国的产品质量标准及进口企业对产品的不同要求进行产品创新,在不断地改进生产工艺,生产差异化产品,提高企业生产率。并且企业生产率的提升需要经过较长的投入产出过程,企业年龄越大越注重企业长远战略发展,更愿意加大投入提升生产率。但从表6.8(2)结果来看,国有控股占比较大的企业却不利于产品创新增加,可能是国有企业拥有更多国家资源,市场竞争压力更小,缺少对新产品研发的动力。

表6.8　　　　　　　　　创新密度对创新产出的影响

变量	(1) NPR	(2) NPR	(3) lgTFP	(4) lgTFP
RDI_hat	2.714*** (0.395)	1.488*** (0.412)	2.120*** (0.262)	1.274*** (0.334)
lgAsset		0.0147*** (0.00307)		0.0619*** (0.00287)
lgAge		−0.00456 (0.00365)		0.0172*** (0.00282)
Ownship		−0.0218** (0.0106)		0.000146 (0.00705)
Export		0.0381*** (0.00699)		0.0117** (0.00552)
RSC		−0.0306 (0.0498)		0.121*** (0.0371)

续表

变量	(1) NPR	(2) NPR	(3) lgTFP	(4) lgTFP
lgKI		0.646** (0.315)		0.883*** (0.250)
常数项	0.0769*** (0.00293)	-1.132** (0.516)	1.876** (0.00209)	-0.250 (0.405)
观测值	46666	45530	55624	44510
R²	0.063	0.607	0.053	0.561

注：所有回归结果都包含企业、年份和产业固定效应。

6.4 进一步微观实证分析

前文分析都是在假定企业追求利润最大化的基础上，贸易自由化的过程带动了企业嵌入地方网络集聚，地方网络集聚通过制造业服务化促进创新密度投入进一步推动技术升级。然而，我国处于经济转轨时期，不同性质产权的企业和不同区域分布的企业可能存在异质性，这些异质性因素可能导致中国高端制造企业的技术升级传导过程的不同结果。

6.4.1 不同产权企业分析

由于我国一些特殊高端制造行业主要集中在国有企业经营，但随着贸易自由化后，高端制造行业注入了大量的私营企业。虽然国有企业占据了更多的创新资源，但缺乏技术升级的激励，造成市场预算约束的扭曲和动态效率的损失，在此主要从国有和非国有划分不同产权的企业，分析双重嵌入企业技术升级的传导机制。

表6.9报告了高端制造企业中国有企业与非国有企业对贸易自由化

带来的市场竞争加剧对地方网络集聚的影响，为了分析这个问题，在模型（6-1）、模型（6-2）、模型（6-3）、模型（6-4）中分别加入两个变量，一是划分国有企业与非国有企业的 NC 哑变量，当企业的国有资本比较高时，NC=1，否则 NC=0。二是加入每个模型的核心解释变量与 NC 的交互项，并采用同样的方法来估计递归方程组。

表6.9（1）报告的是全球贸易网络嵌入对地方网络集聚的影响回归结果，可见，D 的回归系数在5%的显著水平上仍为正数，在控制了国有企业 NC 情况下，NC 和 D*NC 的估计结果不显著，这表明，非关税壁垒取消的外部竞争冲击使国有企业与非国有企业集聚产生近似相同的水平。一个可能的原因是，竞争加剧稀释了国有企业的垄断，使国有企业与非国有企业产生相近的集聚水平。在表6.9（2）所示的 SCI_hat 的系数在1%显著水平上为正数，但 NC 的系数在1%的显著水平上为负数，并 NC*SCI_hat 的系数却在1%的显著水平为负数，表明与非国有企业相比，国有企业在产生集聚过程中不利于制造业服务化水平的提升。一个可能的原因是国有企业的市场化程度比非国有企业低，而市场化机制对于制造业服务化发展起着重要作用，樊文静等（2016）研究发现在控制了制造业企业规模之后，各类生产性服务在不同所有制的企业投入水平是不一样的，其中外资企业生产性服务要素投入水平最高，国有企业投入水平甚至低于私营企业。在表6.9（3）可见，NC*SEV_hat 的系数在1%显著水平上为正数，相对于非国有企业，制造业服务化水平高的国有企业对研发的投入力度更大。在表6.9（4）—（5）报告中 NC*RDI_hat 的回归系数对产品创新在统计上不显著，对过程创新在1%显著水平上为负数，这意味着虽然国有企业具有较高创新密度，但与非国有企业相比，国有企业创新密度不利于全要素生产率的提升，可能的原因是国有企业占据创新资源，拥有更高的创新密度，在获取国家支持上更具优势，因而缺乏创新的激励，扭曲了市场预算约束，造成动态效率的损失，缺少新产品的创新，从而放缓提升企业生产率的步伐。因此，在企业产权异质性条件下，全球—地方网络双重嵌入

对技术升级传导机制的影响是有差异性的。

表6.9　　　　　　　　国有企业与非国有企业的比较分析

变量	(1) SCI	(2) SEV	(3) RDI	(4) NPR	(5) lgTFP
D	0.0213** (0.0106)				
D * NC	0.0174 (0.0198)				
NC	−0.00938 (0.0121)	−0.0193*** (0.00521)	−0.153*** (0.0364)	−0.000568 (0.0190)	0.0160 (0.0132)
NC * SCI_hat		−0.152*** (0.0367)			
SCI_hat		0.341*** (0.0614)			
NC * SEV_hat			0.726*** (0.173)		
SEV_hat			0.00358** (0.354)		
NC * RDI_hat				0.339 (1.896)	−1.840*** (0.312)
RDI_hat				0.415*** (2.586)	0.149*** (1.845)
常数项	−0.824* (0.447)	−1.417*** (0.0713)	−0.223 (0.612)	0.322 (0.747)	−0.0700 (0.551)
观测值	45526	45530	33292	45530	44510
R^2	0.562	0.553	0.545	0.567	0.661

注：所有回归均加入控制变量、年份、企业和产业的固定效应。

6.4.2　不同区域分析

考虑到我国不同区域的经济发展水平、资源禀赋和地方政府的规制程度存在较大的差异，有必要对总样本进行分区域研究全球—地方网络双重嵌入对技术升级的传导机制。目前,我国高端制造业主要以环渤海、长三角地区为核心,东北和珠三角为两翼,以四川和陕西地区为支撑,中部地区快速发展的产业空间格局。基于赛迪顾问发布的高端装备产业数据库,将我国高端制造业划分为长三角、珠三角、环渤海、中部和西部五个集聚区域。为了保持可比性,所有分区域采用的计量方法都与递归方程保持一致。

长三角地区以上海为中心,江苏、浙江为两翼,主要在航空、海洋工程、智能制造装备领域比较突出,形成比较完整的研发、设计和制造产业链。改革开放之后长三角产业布局从传统制造业向高科技制造业转型,更加注重产业链上游中间产品。从表6.10报告的长三角的传导机制估计结果来看,所有核心解释变量都通过了显著性检验,只是贸易自由化下产生的竞争冲击使长三角地方网络集聚程度下降了,这与全样本估计结果不一致。可能的原因是长三角在2005年前高端制造业集聚主要集中在上海区域,但在2005年之后取消非关税壁垒的限制,江浙两省逐步重视与上海分工协作,融入以上海为中心的长三角经济合作区,调整经济发展策略与上海协同发展,从而使原来上海集聚的产业向江浙两省扩散。

表6.10 长三角全球—地方网络嵌入对技术升级传导机制

变量	(1) SCI	(2) SEV	(3) RDI	(4) NPR	(5) lgTFP
D	-0.00627*** (0.00139)				
SCI_hat		2.009*** (0.0700)			
SEV_hat			0.370** (0.184)		
RDI_hat				2.275*** (0.701)	1.125** (0.566)
常数项	-2.665*** (0.415)	0.546*** (0.0714)	0.298 (0.304)	-1.587*** (0.530)	1.283*** (0.341)

续表

变量	(1) SCI	(2) SEV	(3) RDI	(4) NPR	(5) lgTFP
观测值	16455	16455	11840	16455	16208
R^2	0.547	0.588	0.605	0.613	0.572

注：所有回归均加入控制变量、年份、企业和产业的固定效应。

珠三角高端制造业主要集中在广州、深圳、珠海和江门等地，以特种船、轨道交通、航空制造、数控系统技术及机器人技术为主。产业布局从改革开放初的出口加工业为主逐渐向终端高科技业转型，更加注重产业链下游最终产品。表6.11估计结果显示，珠三角并没有如长三角那样每个核心解释变量都显著，制造业服务化和创新密度并没有通过统计上显著性检验。可能的原因是珠三角产业结构偏向于产业链下游，长期以加工业为主，对于研发企业的敏感度不高，从而造成长三角创新密度对产品创新没有通过统计上的显著检验。

表6.11 珠三角全球—地方网络嵌入对技术升级的传导机制

变量	(1) SCI	(2) SEV	(3) RDI	(4) NPR	(5) lgTFP
D	0.00755* (0.00401)				
SCI_hat		2.940*** (0.0749)			
SEV_hat			-0.00813 (0.136)		
RDI_hat				19.57 (16.28)	76.44*** (15.69)
常数项	0.743 (0.968)	-1.004*** (0.0654)	-0.183 (0.472)	2.967 (3.043)	-13.64*** (2.826)
观测值	13870	13871	10659	13871	13450
R^2	0.516	0.774	0.512	0.534	0.586

注：所有回归均加入控制变量、年份、企业和产业的固定效应。

环渤海地区包括北京、天津、河北、辽宁和山东等省市。该区域具有独特的地域、资源、经济优势,是国内重要的高端制造业研发、设计和制造基地。其中北京以高端制造业高科技研发为主,天津以航天航空业为主,山东以智能制造装备和海洋工程装备为主,辽宁以智能制造和轨道交通为主。从表 6.12 可知,非关税壁垒的取消有力地促进了环渤海区域地方网络集聚的形成,但其他因素传导机制的影响却不显著。可能是相对于长三角和珠三角,环渤海产业布局以京津冀、山东半岛和辽东半岛三块相对独立的经济区域为主,加之受政治中心影响,经济开放程度相对较低,且环渤海区域国有经济比重大,国有企业缺乏创新动力,市场机制难以发挥作用,最终无法形成有效促进技术升级的传导机制。

表 6.12　环渤海全球—地方网络嵌入对技术升级的传导机制

变量	(1) SCI	(2) SEV	(3) RDI	(4) NPR	(5) lgTFP
D	0.0895 *** (0.0315)				
SCI_hat		0.0209 (0.0149)			
SEV_hat			2.952 (2.003)		
RDI_hat				−0.765 (1.784)	−2.263 (1.399)
常数项	26.48 *** (10.25)	−0.568 *** (0.0696)	0.700 (1.161)	−2.989 * (1.588)	−0.726 (1.170)
观测值	10937	10937	7935	10937	10665
R^2	0.511	0.533	0.617	0.680	0.548

注:所有回归均加入控制变量、年份、企业和产业的固定效应。

中部地区主要由湖南、山西、安徽、河南、江西和湖北省组成,其中航空装备与轨道交通装备产业实力较为突出。从表 6.13 可见,中部地区高端制造企业技术升级传导机制与全国样本传导机制基本保持一致。可能是中部地区产业历史积淀丰厚,加之良好的区位,同时在2004年提出中部崛起计划。这些内外部因素使中部地区在加入WTO后,高端制造业规模及效益发展持续增长,研发投入占比逐渐提高,技术升级能力也在不断提升。正是由于这些年的积累,中部地区具有劳动力和土地要素比较优势,加之工业基础较好和产业门类齐全,"十三五"规划确定中部地区成为全国重要的高端制造业中心。

表 6.13　中部全球—地方网络嵌入对技术升级的传导机制

变量	(1) SCI	(2) SEV	(3) RDI	(4) NPR	(5) lgTFP
D	0.0203** (0.00985)				
SCI_hat		0.205** (0.0841)			
SEV_hat			1.980** (0.844)		
RDI_hat				-0.945 (1.066)	3.666*** (1.017)
常数项	-14.64* (8.108)	-0.808*** (0.145)	0.943* (0.541)	2.342 (1.494)	1.995 (1.273)
观测值	1988	1989	1291	1989	1931
R^2	0.627	0.581	0.514	0.519	0.572

注:所有回归均加入控制变量、年份、企业和产业的固定效应。

西部高端制造业主要以陕西、四川和重庆等省市组成,以川陕为龙头,在轨道交通、航空航天制造业发展中具有明显的特色。从表 6.14 可见,西部地区在非关税壁垒取消后减少了地方网络集聚的形成,可能的原因是西部地区大多是以国有企业为主的高端制造业,非关税壁垒的取消打破了原有国企的垄断地位,高端制造企业分布于多种产权的企业。地方网络形成仍可促进制造业服务化水平的提升。加入WTO后,国家更加重视西部地区的发展,实施了西部大开发的战略目标,但由于地理环境的影响,西部地区受资本短缺的制约,对技术研发的投入和更新面临非常困难的局面,自身创新能力比较差,正是此种原因造成了西部地区的创新密度、产品创新和过程创新在模型中都呈统计上的不显著。

表 6.14　西部全球—地方网络嵌入对技术升级的传导机制

变量	(1) SCI	(2) SEV	(3) RDI	(4) NPR	(5) lgTFP
D	-0.0128*** (0.00327)				
SCI_hat		1.265*** (0.139)			
SEV_hat			-0.626 (0.698)		
RDI_hat				0.477 (1.518)	0.941 (1.050)
常数项	-3.613*** (0.789)	2.002*** (0.294)	-0.738 (0.677)	0.482 (1.333)	2.578*** (0.833)
观测值	2400	2402	1650	2402	2374
R^2	0.575	0.634	0.518	0.527	0.529

注:所有回归均加入控制变量、年份、企业和产业的固定效应。

6.5　小结

将中国加入 WTO 后取消非关税壁垒作为自然实验环境,考察全球贸易网络嵌入对中国高端制造业地方网络集聚的影响,进而分析了全球—地方网络双重嵌入对高端制造企业技术升级的传导机制。研究发现:

第一,高端制造企业在非关税壁垒取消政策冲击下,嵌入全球贸易网络促进了扩展边际上更多的企业参与高端制造,形成更大的地方网络，增强了市场竞争机制，使企业在生产过程中投入更多的服务要素来提高产品的附加值，促进了制造业服务化的发展，进而提升了集约边际上创新企业的 R&D 投入力度，扩大了企业产品创新和过程创新，最终促成产业升级。

第二，通过企业产权异质性分析发现，国有企业与非国有企业在取消非关税壁垒的政策冲击下，都提升了产业集聚水平。但相比于非国有企业，国有企业地方网络集聚不利于制造业服务化水平的提升，而且制造业服务化水平正向影响国有企业研发投入。虽然国有企业拥有较多的创新资源，但缺乏有效的市场竞争机制，导致企业创新激励不足。因此，国有企业拥有更多的创新资源却不利于提升企业全要素生产率。

第三，考虑到不同区域高端制造企业发展具有差异性，对样本进行分区域考察发现，长三角、珠三角和中部区域传导机制大部分变量具有统计上的显著性，与全国样本分析相比，长三角区域在非关税壁垒取消后出现地方网络集聚下降的结果，珠三角与中部地区基本上与全国样本分析结果一致。但环渤海与西部区域的传导机制大部分变量不具有统计上的显著性，环渤海只在非关税壁垒取消后对地方网络集聚具有显著的正向影响，其余模型中的变量均不显著。西部也仅在地方网络集聚与制造业服务化两个传导模型中变量是显著的，并同长三角区域一样，贸易自由化不利于促进地方网络集聚的形成。

第 7 章

中国高端制造业全球贸易网络地位的影响因素

为进一步分析影响中国高端制造业全球贸易网络地位的因素，本章主要从政治、经济、法律和距离等方面选取变量，分析全球高端制造业贸易网络影响因素的相关性，选择相关性较强的因素与中国高端制造业的双边贸易流建立模型，作因果识别，然后分析其作用机制。

7.1 影响因素 QAP 分析

7.1.1 QAP 分析方法

常规的统计分析的前提条件是各变量之间相互独立，以避免出现"共线性"。而本书研究是以关系数据为样本，各个解释变量不具备完全独立的条件，因而运用 QAP（Quadratic Assignment Procedure，二次指派程序）分析法，其对各变量独立性没有严格的要求，同时又能较好处理"多重共线性"的问题。QAP 是一种以对矩阵数据的置换为基础，比较两个矩阵中各个格值的相似性，并得出两个矩阵之间的相关性系数，同时对相关性系数进行非参数检验。QAP 相关分析不仅可以研究两个关系矩阵之间是否相关，还可以研究一个属性矩阵与一个关系矩阵之间是否有关。而 QAP 回归分析是研究一个矩阵和多个矩阵之间的回归关系，并且对回归结果的显著性进行评价。在回归分析计算时一般通过两步。第一步进行标准的多元回归分析，即针对被解释变量矩阵和解释变量矩阵的对应元素进行多元回归分析；第二步对被解释变量矩阵的各行和各列的数据进行随机置换，然后再次计算回归，保存所有的回归结果系数值和判定系数 R^2 值。重复几百次这种步骤,最后估计出统计量的标准误。

7.1.2 变量选取

本书自变量选取从政治、经济、法律和文化距离四个维度综合分析模型。

(1) 政治方面

考虑到国家的政治治理对国际贸易有较大的影响,从而选取政府稳定指数(gsi)、政治效能指数(gei)、腐败监管指数(csi)、监管治理指数(sgi)和民主自由权利指数(dfri)。这些指数取值范围从 -2.5(弱)到 2.5(强)来表示治理强弱性。

(2) 经济方面

在前人的研究中都会选取扣除通货膨胀的人均 GDP(pgdp)、按 GDP 平减指数的通货膨胀率(pir)、实际有效汇率(reer)、对外直接投资净流入(fdi)作为影响国际贸易的重要因素。因为本书研究高端制造业的贸易网络,所以在前人的基础上加入工业增加值占 GDP 百分比(iavp)、R&D 研究人员(R&Dr)、研发支出(rde)、支付知识产权使用费(ipr)和高科技出口占制成品的百分比(htp)作为解释变量。

(3) 法律方面

考虑到国家的法律制度是否完善也会影响到国际贸易,选用各国的法律制度指数(lawi)来衡量,指数取值范围从 -2.5(弱)到 2.5(强)来表示制度完善性。

(4) 文化距离方面

人口数量(population)、语言 0-1(language0-1)和地理相邻

0-1（geography0-1）都是影响国际贸易的重要因素。网络内各国用相同语言取1，不相同语言取0；网络内各国地理边界相邻取1，不相邻取0，构成语言与地理矩阵。

7.1.3 数据来源

在所有节点都有关联的基础上，选取无权有向的全球高端制造业贸易网络没有意义。因此，本章采用加权有向的数据进行QAP影响因素分析，四个维度的18个变量的数据均来自世界银行、CEPII和全球政治治理指标网络。

7.1.4 实证分析与结果

（1）加权网络QAP相关分析

本书从18个变量差值网矩阵与高端制造业网络贸易进行QAP相关性分析，选择5000次随机置换计算可得表7.1加权网络QAP相关分析。表7.1报告出18个解释变量与高端制造业网络贸易的相关性系数与显著性水平。从分析结果可以看出：工业增加值占GDP百分比差值网与高端制造业网络贸易呈正向关系，并且系数显著性很强。高科技出口占制成品出口百分比和对外直接投资净流入差值网仅在个别年份通过了10%水平的显著性检验，而且两者都呈正向相关。按GDP平减指数通货膨胀率差值网中2007年和2011年通过了10%水平的显著性检验，并呈正向关系，一国的通货膨胀有利于高端制造业产品的进出口贸易。扣除通货膨胀的人均GDP差值网在2007年、2011年和2015年都通过了10%水平的显著性检验，与被解释变量呈负向关系。由政府稳定指数、政治效能指数、腐败监管指数、监管治理指数、法律制度指数和民主自由权利指数差值网相关分析可见，政治指标大部分都与贸易网络具有显著相关性。语言 0-1 矩阵在 2002 年和 2007 年通过了 10% 水平的显著性检验，可能的原因是，随着科技与全球化的发展，语言制约国际贸易发展的作用越来越小。地理相邻 0-1 矩阵通过 10% 水平的显著性检验，说明地理距离仍然是影响贸易网络的重要影响因素，相邻国家之间的贸易网络更加频繁。知识产权使用费、研发支出和实际有效汇率差值网统计上几乎没有通过 10% 显著性检验，如表 7.1 所示。

表 7.1 加权网络 QAP 相关分析

年份	2002	2007	2011	2015
iavp	0.057**	0.102***	0.102***	0.090***
	(0.025)	(0.031)	(0.033)	(0.029)
htp	0.054**	0.039	0.050*	0.033*
	(0.025)	(0.032)	(0.034)	(0.029)
ipr	0.029	-0.026	0.009	0.016
	(0.024)	(0.032)	(0.034)	(0.029)
R&Dr	0.018	-0.027	-0.042*	-0.030
	(0.025)	(0.032)	(0.034)	(0.028)
fdi	0.036*	-0.006	-0.013	0.030*
	(0.024)	(0.033)	(0.035)	(0.029)
pir	-0.025	0.056**	0.055*	0.018
	(0.025)	(0.031)	(0.033)	(0.029)
pgdp	-0.005	-0.061**	-0.158**	-0.033*
	(0.024)	(0.031)	(0.061)	(0.029)
reer	0.010	-0.007	0.039	0.041*
	(0.024)	(0.032)	(0.033)	(0.029)
rde	0.023	0.005	0.002	0.004
	(0.025)	(0.032)	(0.034)	(0.029)
gsi	0.010	-0.035	-0.065**	-0.051**
	(0.024)	(0.031)	(0.033)	(0.029)

续表

年份	2002	2007	2011	2015
gei	-0.033	-0.051*	-0.066**	-0.047*
	(0.025)	(0.031)	(0.033)	(0.029)
csi	-0.031	-0.072**	-0.070**	-0.048*
	(0.025)	(0.031)	(0.033)	(0.028)
sgi	-0.034*	-0.094**	-0.084**	-0.061**
	(0.024)	(0.031)	(0.033)	(0.028)
dfri	-0.032*	-0.108***	-0.114**	-0.089**
	(0.024)	(0.031)	(0.033)	(0.028)
lawi	-0.021	-0.089**	-0.092**	-0.065**
	(0.025)	(0.031)	(0.033)	(0.028)
population	0.014	0.109**	0.120**	0.096**
	(0.024)	(0.031)	(0.033)	(0.028)
geography0-1	0.182**	0.171**	0.158**	0.121*
	(0.067)	(0.062)	(0.061)	(0.062)
language0-1	0.135**	0.107*	0.077	0.072
	(0.073)	(0.067)	(0.066)	(0.067)

注：***、**、*分别表示在1%、5%、10%的统计水平上显著，括号内是标准差。

(2) 加权网络QAP回归分析

通过以上QAP相关分析，剔除与高端制造业贸易网络相关性不强的reer、lnrde、lnipr、gsi、csi、pir、language0-1七个解释变量，最后选取了11个差值矩阵的解释变量，随机置换次数选择2000次，对网络贸易进行加权网络QAP回归分析。表7.2报告β（标准化回归系数）、显著性水平、概率1（Proportion As Large）和概率2（Proportion As Small）。概率1指的是随机置换产生的判定系数的绝对值不小于观察到的判定系数的随机置换占总置换次数的比例；概率2指的是随机置换产生的判定系数的绝对值不大于观察到的判定系数的随机置换占总置换次数的比例，此处进行的是双尾检验。

实证分析表明：工业增加值占GDP百分比差值网对高端制造业贸易网络在2002年外的其他3年都通过了5%的显著性水平，存在正向影响,系数呈减小的趋势;人均 GDP 差值网在 2002 年通过统计显著性检验,呈正向影响;R&D 研究人员差值网除了 2002 年呈现显著的正向影响,其他年份均没有通过显著性检验。高科技出口占制造品百分比差值网,该变量对高端制造业网络贸易量仅个别年份通过了统计显著性检验,与贸易网络量呈正向影响;对外直接投资净流入差值网大部分年份通过了 10% 的统计显著检验。其中 2002 年和 2015 年都呈正向影响,但在 2007 年,fdi 却对贸易网络有负向影响;政府效能指数、监管治理指数和民主自由权利差值网,这三个变量与高端制造业网络贸易量在部分年份通过了 10% 显著性检验,并呈负向影响。法律制度指数差值网只在 2002 年通过了 5% 的显著性检验,并呈正向影响;地理相邻 0-1 网对贸易网络均呈显著的正向影响,系数呈递减趋势;人口差值网部分年份与高端制造业贸易网络呈现显著正向关系。

通过以上实证结果可知,工业增加值占比和地理相邻两个变量对全球高端制造业贸易网络的影响大部分年份都具有统计的显著性。可能是工业增加值占比较高的国家致力于产品价值链高端的研发设计,大部分低端的制造生产采取外包或对外直接投资的方式,因而,当一国工业增加值占 GDP 比重越大,对外贸易活动越频繁。由于运输成本的存在,地理相邻一直都是国家之间从事进出口贸易往来的重要影响因素。

表 7.2 加权网络 QAP 回归分析

年份	2002			2007		
变量	β	概率 1	概率 2	β	概率 1	概率 2
iavp	0.002	0.457	0.543	0.073 **	0.013	0.988
lnpgdp	0.132 *	0.905	0.106	-0.153	0.708	0.292
lnR&Dr	0.038 **	0.065	0.965	-0.032	0.812	0.346
htp	0.071 ***	0.001	1	0.042 *	0.101	0.899
lnfdi	0.068 ***	0.001	0.999	-0.048 *	0.835	0.105
gei	-0.082 **	0.965	0.035	0.067	0.234	0.767
lawi	0.104 **	0.04	0.96	-0.119	0.835	0.166
sqi	-0.136 ***	0.995	0.005	0.009	0.457	0.544

续表

年份	2002			2007		
变量	β	概率1	概率2	β	概率1	概率2
dfri	0.046	0.12	0.88	0.005	0.461	0.539
lnpopulation	−0.081	0.994	0.007	0.033	0.191	0.811
geography0−1	0.156**	0.035	0.966	0.154**	0.034	0.966
R^2		0.251			0.249	
Adj R^2		0.438			0.435	
样本量		650			650	
年份	2011			2015		
变量	β	概率1	概率2	β	概率1	概率2
iavp	0.059**	0.019	0.982	0.060***	0.006	0.994
lnpgdp	−0.009	0.622	0.379	0.001	0.515	0.486
lnR&Dr	−0.032	0.832	0.312	0.026	0.398	0.692
htp	−0.012	0.634	0.366	−0.03	0.848	0.153
lnfdi	−0.008	0.635	0.475	0.052**	0.042	0.936
gei	0.082	0.244	0.757	0.052	0.245	0.755
lawi	−0.018	0.555	0.445	−0.004	0.524	0.477
sqi	−0.055	0.747	0.253	−0.071*	0.896	0.105
dfri	−0.078	0.871	0.129	−0.066*	0.93	0.071
lnpopulation	0.071*	0.073	0.928	0.063*	0.086	0.914
geography0−1	0.149**	0.038	0.963	0.110**	0.071	0.929
R^2		0.242			0.229	
Adj R^2		0.429			0.416	
样本量		650			650	

注：***、**、* 分别表示在1%、5%、10%的统计水平上显著。

7.1.5 稳健性检验

为了进一步检验结果的稳健性，本书选择进出口贸易额平均值不同比例的断点值进行QAP分析。首先以平均值作为基准值，然后在基准值上下浮动20%的比例，分别以国家间高端制造业产品进出口贸易额平均值的80%和120%作为断点，重新得到不同年份国家之间进出口贸易额空间关联矩阵作为因变量，并运用原来无偏变量对新的有偏变量进行回归分析。从表7.3稳健性检验结果可知，除了少数变量发生变化外，大部分变量统计结果与表7.2保持一致，政府制度、工业增加值占比和地理相邻两个变量仍然表现显著性正向影响。因此，本书实证结论是可信的。

表7.3   稳健性检验结果

\multicolumn{5}{c}{断点值取进出口贸易额80%}
年份	2002	2007	2011	2015
iawp	0.001	0.05**	0.113**	0.089***
lnpgdp	0.083**	0.012	0.137	0.002
lnR&Dr	0.013	0.047*	-0.135	0.092**
htp	0.082**	-0.014	0.047	-0.05
lnfdi	0.062**	-0.037**	0.016	-0.021
gei	0.006	0.009	0.307	-0.026
lawi	0.181**	0.113*	0.175	-0.135*
sgi	0.049	0.058	0.102*	0.091
dfri	0.327***	-0.038	-0.259**	-0.062
lnpopulation	0.23***	-0.029	-1.852	0.057
geography0-1	0.117**	0.134**	0.15	0.097*
R^2	0.245	0.253	0.249	0.223
Adj R^2	0.438	0.446	0.443	0.421
样本量	650	650	650	650
\multicolumn{5}{c}{断点值取进出口贸易额120%}				
年份	2002	2007	2011	2015
iawp	0.028	0.071***	0.073**	0.07**
lnpgdp	0.02	-0.041	-0.028	-0.018
lnR&Dr	0.027	-0.087**	-0.045	0.069
htp	0.095***	0.016	0.004	-0.023
lnfdi	0.007	-0.045**	-0.007	-0.012
gei	-0.014	-0.023	-0.001	-0.03
lawi	-0.001	0.188*	-0.133	-0.044

续表

断点值取进出口贸易额120%				
年份	2002	2007	2011	2015
sgi	-0.129**	0.073	0.047	0.013
dfri	0.15***	0.043	-0.016	-0.071
lnpopulation	0.079**	-0.001	0.058	-0.012
geography0-1	0.15**	0.113*	0.117**	0.08*
R^2	0.242	0.251	0.247	0.227
Adj R^2	0.439	0.448	0.441	0.425
样本量	650	650	650	650

注：***、**、*分别表示在1%、5%、10%的统计水平上显著。

7.2 制度距离对中国高端制造业贸易网络地位升级的影响

为了进一步分析中国高端制造业贸易流的影响因素，根据上面实证分析结果可知，政治制度、研发支出和语言邻近度也是高端制造业全球贸易网络显著相关因素之一。对一国跨境交易产生影响的可能还包含政治制度和文化等因素。因此，本书在引力模型扩展分析的基础上，通过制度距离与中国高端制造业贸易流对扩展模型进行实证分析。

考虑到中国高端制造业在全球贸易网络中发展的可持续性，有必要分析影响中国高端制造业全球贸易网络地位升级的因素。从网络地位升级理论可知，当一国与他国不经过第三国就能直接形成贸易交往，并且中间产品出口量越大，单位中间产品的增加值越高，则该国在全球贸易网络中心地位就越高。因此，运用国际贸易引力模型分析中国高端制造业全球贸易网络地位升级的影响因素。主要从制度因素分析中国高端制造业在全球贸易网络地位的影响，同时加入经济、文化、技术和地理因素作为模型的控制变量，进一步考察制度因素是否通过技术因素影响中国高端制造业在全球贸易网络地位的升级，从而验证第 3 章假设 H7、H8。

7.2.1 模型拟定和变量说明

（1）模型拟定

引力模型主要从经济和地理的角度分析对一国进出口贸易行为的影响，本书在其基础上加入制度和文化等方面的影响。借鉴方慧和赵甜（2017）① 设定以下平衡面板模型：

$$\ln Trade_{c,i,t} = \beta_0 + \beta_1 GovpCZ_{c,i,t} + \beta_2 \ln GDPCZ_{c,i,t} + \beta_3 \ln Dist_{c,i} + \beta_4 Culture_{c,i} + \varepsilon_i + \theta_t + \varphi_{it}$$

$$(7-1)$$

其中 $Trade_{c,i,t}$ 表示 t 时期中国 c 与国家 i 的贸易额，$Trade$ 由 $import$ 和 $export$ 组成，$GovpCZ_{c,i,t}$ 表示 t 时期中国 c 与国家 i 的制度距离，$GDPCZ_{c,i,t}$ 表示 t 时期中国 c 与国家 i 的经济距离，$Dist_{c,i}$ 表示中国 c 与国家 i 的地理距离，$Culture_{c,i}$ 表示中国 c 与国家 i 的文化距离。φ_{it} 表示模型的扰动项。

（2）变量选取与构建

①核心变量。

A. 进出口贸易额。引力模型主要研究影响一国的双边贸易流的决定因素，本书选取中国与其他国家的出口额 $Export$ 和进口额 $Import$ 作为模型的被解释变量。

B. 制度距离（$GovpCZ$）。应用引力模型的研究发现，各国制度的优劣对双边贸易有显著的影响，制度相似的国家间贸易量较大。本书选取全球政治治理数据库的政治制度作为制度因素，运用中国与他国的政

---

① 方慧，赵甜. 中国企业对"一带一路"国家国际化经营方式研究——基于国家距离视角的考察［J］. 管理世界，2017（7）：17–23.

第7章 中国高端制造业全球贸易网络地位的影响因素

府稳定指数、政治效能指数、腐败监管指数、监管治理指数、法律制度指数和民主自由权利指数总差值表示制度距离。

②控制变量。

A. 经济距离（GDPCZ）。此概念由 Tinbergen 在 1962 年提出，他认为两国之间的双边贸易额与两国 GDP 的乘积成正比，GDP 总量较大的国家贸易量也会更大，并且经济发展水平接近的国家间的贸易更加频繁。本书采用世界银行 WDI 数据库的 GDP 数值，运用中国与他国的 GDP 差值表示经济距离。

B. 地理距离（Dist）。McCallum（1995）加入地理距离变量对引力模型进行扩展，发现地理距离可能阻碍双边贸易，存在"边界效应"因素。本书采用 CEPII 数据库的中国与他国地理分布表示地理距离。

C. 文化距离（Culture）。文化相近国家贸易更加频繁，文化差异较大的国家间需求偏好也存在差异，进而减少国家间双边贸易（Felbermayr，2010）。本书采用 CEPII 数据库的中国与他国的语言邻近度表示文化距离。

D. 技术距离（TecCZ）。汪晓文（2015）研究发现贸易伙伴国之间技术效率越接近，其双边贸易流越少。本书采用世界银行 WDI 数据库的研发支出与 GDP 的占比的中国与他国的研发支出差值表示技术距离。变量含义及数据来源可见表 7.4。

表 7.4　　变量含义及数据来源

变量类型	变量名称	描述	构造方法	数据来源
被解释变量	$Export_{ci}$	出口额	中国与 i 国出口额	UN Comtrade 数据库
	$Import_{ci}$	进口额	中国与 i 国进口额	UN Comtrade 数据库
核心解释变量	$GovCZ_{ci}$	制度距离	中国与 i 国政治制度的得分之差的绝对值	全球政治治理数据库
控制变量	$GDPCZ_{ci}$	经济距离	中国与 i 国 GDP 差值的绝对值	世界银行 WDI 数据库
	$Dist_{ci}$	地理距离	中国与 i 国地理距离	CEPII 数据库
	$Culture_{ci}$	文化距离	中国与 i 国语言邻近度	CEPIII 数据库
	$TecCZ_{ci}$	技术距离	中国与 i 国研发支出占 GDP 比重差值的绝对值	世界银行 WDI 数据库

资料来源：作者整理。

(3) 数据说明与描述性统计分析

本书在考虑数据的可获取性和高端制造业的特征，选取世界投入产出表中研究的42个国家[①]，分析中国与其他41个国家的双向贸易流作为研究的空间范围，时间范围为2000—2014年，分别在UN Comtrade数据库获取各国进出口贸易额作为引力模型的双边贸易流，从全球政治治理数据库获取各国政治制度治理作为扩展引力模型的制度距离变量，从世界银行WDI数据库和CEPII数据库获取各国的GDP、人口地理分布、语言邻近度和研发支出占比等数据，并以中国与他国的差值的绝对值作为扩展引力模型中的经济距离、地理距离、文化距离和技术距离作为控制变量。

由于部分数据取值较大，为了消除量纲，对数值较大者分别取对数。在做回归分析之前，先对相关变量做描述性统计分析，见表7.5。检验相关变量系数发现数据样本差异较小，只有 $Export$ 和 $Import$ 的相关系数差异较大，但这两个变量分别为模型的被解释变量，出现在不同模型中。因此，不会对估计结果的显著性造成影响。

表7.5　　描述性统计分析

变量	观测值	均值	标准差	最小值	最大值
$Export$	615	22.23175	1.851818	17.08518	26.73937
$Import$	615	21.4186	2.556066	13.24452	25.99405
$GovpCZ$	615	1.076409	0.646766	0.0063533	2.364945
$GDPCZ$	615	28.62171	1.013672	23.89029	30.0383
$Dist$	615	8.856851	0.4621464	6.862393	9.737907
$Culture$	615	0.4174224	0.1803985	0	0.7556316
$TecCZ$	615	0.8130838	0.5542642	0.00033	2.97758

资料来源：作者整理。

① 与第4章第1节选取国家范围的解释相同。

7.2.2 实证结果分析

（1）基准回归结果

在引力模型的基准上，主要分析制度距离对双边贸易流的影响。根据表7.6，制度距离与双边贸易流呈显著的负向关系。中国与他国的政治制度距离差距越小，其双边贸易流就越大。一国政治制度主要反映了公众对政府稳定、政治效能和监管治理的认可程度，政府与公务对腐败监管，法律保障制度的程度和公众享受民主自由权利的看法。一国的腐败会导致政府工作效率和法律施行效率减弱，增加企业贸易成本，从而阻碍该国贸易的发展。此外，国家的政治稳定会降低交易成本，促进贸易活动的增加。因此，提升国家的制度质量建设，有利于提升一国与他国的贸易合作活动。

从控制变量来看，经济距离与双边贸易流呈显著的负向因果关系，这表明与中国经济差距越小的国家，与中国的双边贸易流越大。文化距离、地理距离与双边贸易流呈现显著的负向因果关系，这表明两个国家文化和地理差距越大，越不容易形成双边贸易合作关系。经济水平和文化相近的国家的消费者需求偏好比较接近，更容易形成频繁的贸易往来。地理越接近的国家越容易产生贸易合作关系，根据 UN Comtrade 统计数据来看，中国和韩国、日本贸易往来一直比较频繁。

表7.6 基准回归结果

变量	(1) Import（进口额）	(2) Export（出口额）	(3) Trade（贸易总额）
GovpCZ	-0.149*** (0.055)	-0.173*** (0.004)	-0.431*** (0.081)
GDPCZ	-0.770*** (0.0313)	-0.781*** (0.0301)	-1.552*** (0.0571)
Culture	-4.724** (2.032)	-1.714 (1.504)	-6.439* (3.431)

续表

变量	(1) Import（进口额）	(2) Export（出口额）	(3) Trade（贸易总额）
Dist	-0.291**	-0.402*	-0.692***
	(0.144)	(0.238)	(0.241)
常数项	3.459	3.741	7.169
	(6.868)	(5.109)	(11.61)
国家 i	是	是	是
年份	是	是	是
R^2	0.6550	0.6538	0.6638
观测值	615	615	615
国家样本量	41	41	41

注：括号中的值为标准差，***、**、*分别表示在1%、5%、10%的统计水平上显著，后表均同。

(2) 稳健性检验

为了进一步检验结果的稳健性，本书选取被解释变量滞后一期对模型进行OLS回归，考虑到中国高端制造业双边贸易流演变是有动态性和延续性的，很可能当期的国家制度距离会影响下一期的双边贸易流。根据表7.7滞后一期的回归结果来看，制度距离、经济距离、文化距离和地理距离与双边贸易流依然具有统计上的显著负向因果关系。因此，本书得出的结论是稳健的。

表 7.7　　　　被解释变量滞后一期稳健性检验

变量	(1) Import（进口额）	(2) Export（出口额）	(3) Trade（贸易总额）
GovpCZ	-1.251***	-1.178***	-2.452***
	(0.228)	(0.210)	(0.430)
GDPCZ	-0.774***	-0.801***	-1.575***
	(0.0323)	(0.0306)	(0.0584)
Culture	-4.714**	-1.799	-6.517*
	(2.049)	(1.500)	(3.443)
Dist	-0.294*	-0.374	-0.666**
	(0.161)	(0.587)	(0.346)

续表

变量	(1) Import (进口额)	(2) Export (出口额)	(3) Trade (贸易总额)
常数项	22.61***	23.37***	46.01***
	(0.465)	(0.353)	(0.797)
R^2	0.6560	0.6763	0.6987
观测值	564	564	564
国家样本量	41	41	41

注：所有回归均加入年份和国家的固定效应。

(3) 内生性处理

计量模型的内生性问题可能是核心变量互为因果关系或遗漏变量等造成的。考察到前一期的被解释变量会影响后一期的解释变量，因此，本书采用广义系统矩估计 SYS-GMM 方法处理模型内生性问题，此方法可以处理内生性问题、小样本偏误和弱工具变量的问题，本书采用文化距离（Culture）和地理距离（Dist）作为工具变量，从表 7.8 报告结果可知，首先，GMM 扰动项自相关检验表明不存在二阶段序列相关的问题；其次，Sargan 检验结果显示不存在弱工具变量的问题，工具变量选取是有效的。与前面结果基本相同，制度距离与中国双边贸易流仍然具有统计上的负向显著性。因此，可以认为本书结论是稳健的。

表 7.8　　　　　　　　内生性处理（SYS-GMM）

变量	(1) Import (进口额)	(2) Export (出口额)	(3) Trade (贸易总额)
GovpCZ	-1.075	-1.263**	-3.054**
	(0.660)	(0.573)	(1.145)
GDPCZ	-1.106***	-1.078***	-2.349***
	(0.172)	(0.122)	(0.312)
Culture	-2.345	-1.588	-5.092
	(3.286)	(2.303)	(6.683)
Dist	-0.244	-0.425	-0.532
	(0.933)	(0.640)	(1.753)

续表

变量	(1) Import (进口额)	(2) Export (出口额)	(3) Trade (贸易总额)
常数项	-8.258 (10.15)	-5.868 (6.699)	-20.91 (18.71)
AR (1)	0.060	0.032	0.073
AR (2)	0.897	0.553	0.810
Sargan	0.337	0.207	0.576
观测值	615	615	615

注：所有回归均加入年份和国家的固定效应。

7.2.3 机制分析

考虑到高端制造业特征是高技术含量的行业，世界各国对高端制造业的重视程度与技术投入水平是存在差异的。因此，世界各国的技术水平发展不平衡很可能会导致高端制造业贸易进出口额存在较大差异，本书选取中国的研发支出与他国的研发支出差值表示技术距离，实证检验制度距离通过技术效应对中国高端制造业双边贸易流产生影响的作用机理。具体而言，检验是否由于政府制度差距抑制技术提升而影响双边贸易流，要引入制度距离与技术距离的交互项来处理，通过构建平衡面板模型来解决，具体如下：

$$\ln Trade_{c,i,t} = \pi_0 + \pi_1 GovpCZ_{c,i,t} + \pi_2 \ln TecCZ_{c,i,t} + \pi_3 GovpCZ_{c,i,t} * \ln TecCZ_{c,i,t} + \pi_4 \ln GDPCZ_{c,i,t} + \pi_5 \ln Dist_{c,i} + \pi_6 Culture_{c,i} + \varepsilon_i + \theta_t + \tau_{it}$$

(7-2)

其中 $TecCZ_{c,i,t}$ 表示中国 c 与国家 i 的技术距离，$Govp_{c,i,t} * \ln TecCZ_{c,i,t}$ 是制度距离与技术距离的交互项。τ_{it} 是模型的扰动项。

由表 7.9 报告交互项检验结果来看，中国与他国技术距离越大，政治制度距离对双边贸易流抑制作用越大，这与前面的结果也保持吻合。

表 7.9　机制分析

变量	（1）Import（进口额）	（2）Export（出口额）	（3）Trade（贸易总额）
GovpCZ	-1.397**	-1.692***	-1.639***
	(0.180)	(0.156)	(0.162)
GDPCZ	-0.681***	-0.635***	-0.668***
	(0.0358)	(0.0323)	(0.0325)
TecCZ	0.680***	0.812***	0.850***
	(0.199)	(0.175)	(0.181)
GovpCZ * TecCZ	-0.770***	-1.118***	-1.114***
	(0.144)	(0.123)	(0.131)
Culture	-4.788**	-1.850***	-1.901**
	(2.079)	(0.518)	(0.916)
Dist	-0.254	-0.318*	-0.3161**
	(0.813)	(0.164)	(0.153)
常数项	4.909	6.436	5.386
	(7.035)	(5.155)	(5.154)
观测值	615	615	615
R^2	0.6756	0.7201	0.6936
国家样本量	41	41	41

注：所有回归均加入控制变量、年份和国家的固定效应。

7.3　小结

本章基于 UN Comtrade 和 UNSD 数据库、世界银行 WDI 数据库、CEPII 数据库和全球政治治理指标数据库，基于第 4 章全球高端制造业网络特征，通过 UCINET 软件中 QAP 方法分析影响全球高端制造业网络相关的因素，从中选出经济因素、制度因素、文化因素和地理因素，通过 Stata 软件分析制度距离对中国高端制造业双边贸易流的影响，并做进一步的机制分析。

第一，从政治、经济、法律和文化等方面对高端制造业全球贸易网络进行相关分析。运用上章传统贸易数据测算的全球生产网络高端制造业的进出口贸易量矩阵，从世界银行 WDI 数据库、CEPII 数据库和全球政治治理指标数据库选取 18 个变量，运用 QAP 分析高端制造业全球贸易网络因素相关性，确定其影响因素权重。QAP 分析表明，政治治理水平对全球高端制造业网络贸易呈显著的影响。工业增加值差异和地理相邻对全球高端制造业贸易网络大部分年份通过统计上的显著检验。其中高科技出口占比和 R&D 研究人员对贸易网络部分年份具有正向影响，人均 GDP 只在 2002 年对贸易网络呈现显著正向影响，其他年份均没有通过统计上显著性检验。对外直接投资净流入只在金融风暴发生前夕出现显著负向影响，其他年份都是显著正向影响。

第二，中国与他国的制度距离缩小有利于促进高端制造业双边贸易流的提升。根据相关分析选取权重较大的制度因素，构建扩展的引力模型。从 UN Comtrade 和 UNSD 数据库、世界银行 WDI 数据库、CEPII 数据库和全球政治治理指标数据库中测算中国与他国的双边贸易额、制度距离、经济距离、文化距离和地理距离，运用 Stata 软件对制度距离和中国高端制造业双边贸易额进行因果识别，同时加入经济距离、文化距离和地理距离作为控制变量对模型进行回归，结果显示经济、文化和地理距离的差距越小越有利于中国的双边贸易流的提升，并对此结论做了稳健性检验。

第三，进一步探索了制度距离通过技术距离影响中国高端制造业双边贸易流。世界各国对高端制造业的重视程度与技术投入水平是存在差异的，因此，在引入交互项模型的基础上，本章揭示了制度距离是通过技术距离的中介效应影响中国与他国的双边贸易流，通过实证分析发现，中国与他国技术距离越大，政治制度距离对双边贸易流抑制作用越大。

第 8 章

研究结论与启示、路径探索与政策建议、研究展望

8.1 研究结论与启示

8.1.1 理论分析

通过理论模型分析和理论逻辑分析,本书建立了一个中国高端制造业在全球贸易网络地位与升级的理论分析框架:

(1) 社会网络中心理论

根据社会网络中心性理论可知,一国要提升在全球贸易网络中心地位,就应在网络中具有影响与控制其他国家的能力。在文献梳理基础上,理论分析了全球价值链嵌入与全球高端制造业贸易网络中心地位的关系。

第一,参与全球价值链分工促进技术进步,技术进步有利于提高企业生产率,从而增加单位时间的企业产出,产出的扩大增加进出口贸易规模。因此,全球价值链嵌入有利于全球高端制造业贸易网络地位的提升。第二,当发展中国家参与全球价值链分工达到一定程度时会遭受发达国家的封锁,封锁导致技术进步的停滞,阻碍发展中国家在全球贸易网络地位的提升。因此,全球价值链嵌入与全球高端制造业贸易网络的中心地位演变路径呈倒U型。第三,不同国家在网络中表现具有异质性,虽然有些国家具有较高的全球价值链嵌入,却无法在网络中具备控制核心资源的能力。

(2) 新经济地理理论

在新经济地理理论基础上,通过企业区位选择进行逻辑分析,总结了开放经济条件下地方产业集聚机制、地方产业集聚下生产服务要素整合机制和生产服务要素流入下技术升级机制。

第一，贸易自由化产生国外需求与供给，促使更多企业从事高端制造，国外市场扩充国内的市场范围，为实现规模经济催生地方网络集聚的形成；第二，双重嵌入的企业为履行领导企业标准及要求，在生产过程引入更多服务要素，服务要素投入增加企业的销售净利润，具有创新驱动的高端制造企业会把更多的利润投入研发，增强企业研发密度，生产出更新产品并提高全要素生产率，从而实现产业升级；第三，中国高端制造企业分别属于不同产权性质的企业，且分布在不同区域，异质性导致企业双重网络嵌入对技术升级的传导机制是具有差异性的。

(3) 网络地位升级理论

从网络地位升级理论分析可知，加强一国与他国直接贸易交往能力，并且提高在他国产品的国外增加值，可以提升该国全球贸易网络中心地位。因此，基于扩展引力模型分析框架，理论分析制度因素对中国高端制造业全球贸易网络中心地位的影响。

第一，一国具有良好的政治制度环境，能够吸引更多国家与该国形成投资与贸易行为，增强该国与他国直接贸易交往能力，扩大中间产品的出口量，提高贸易增加值，从而推动该国在全球高端制造业贸易网络地位的提升。第二，良好的政治制度环境有利于促进该国从事技术研发与合作，从而提高生产效率，在生产率提高过程中不断提升该国在全球高端制造业贸易网络中心地位。因此，制度因素通过技术因素引起全球贸易网络中心地位发生变化。

8.1.2 研究结论与启示

(1) 全球高端制造业网络仍以少数国家为中心，大部分国家处于网络边缘位置

虽然由传统数据测度的结果显示高端制造业贸易网络联系紧密并保持良好的互通性，贸易活动频繁，但增加值贸易数据测度的结果显示，国际分工真实利益分配大部分集中在少数国家。虽然中国在网络贸易规

模上处于世界第一位,但网络贸易核心资源与自由度表现却不尽如人意,在整个网络中还是具有较强的依赖性,自由性不强,行为受其他节点的限制,还未成为全球高端制造业贸易网络"织网者"。

全球经济格局正发生改变,中国经济进入新常态。高技术、高附加值和低污染的行业将已成为全球制造业发展的趋势,谁能在这些领域领先,谁就将成为未来制造业发展的核心国家。首先,提升中国高端制造业全球增加值贸易网络的控制力。中国目前在全球高端制造业网络的贸易规模处于领先地位,但大而不强的现象倒逼中国高端制造业升级。贯彻落实"促进中国产业迈向全球价值链中高端,培育若干世界级高端制造业集群"的政策,有利于促进产业向全球价值链的中高端攀升。其次,提升中国高端制造业全球增加值贸易网络的自由度。加快推进国内高端制造环节的提升,推动高端制造产业链的升级,强化中国对全球价值链上游位置的嵌入,需要建设高端制造业创新中心,形成产学研协同创新体制,以企业为主体,推动中国从制造大国向制造强国的跨越,从而提升中国在全球增加值贸易网络中的贸易交往自由程度。

(2) 全球价值链嵌入与全球高端制造业网络地位呈倒 U 型关系

运用社会网络分析法测算的全球贸易网络中心地位的变量指标,分析全球价值链嵌入程度与全球高端制造业网络中心性的关系。发现参与全球价值链总体上有利于提高全球高端制造业网络中心地位,但全球价值链嵌入与全球高端制造业网络贸易规模和自由度呈倒 U 型关系。全球价值链高嵌入会降低一国在全球高端制造业网络中控制核心资源的能力,人力物力资本、基础设备条件都对全球高端制造业网络中心地位起到推动作用。

从以上结论可以得到如下启示:首先,加快推进本土需要的国家价值链的网络体系建设。中国已步入后工业时代,经济从高速发展转向高质量发展阶段。要摆脱中国高端制造业在全球"低端锁定"的局面,需要重新调整中国产业循环体系,重塑国家价值链的治理体系,推动中国产业上下游关系结构建设。其次,建立高科技人才终身培训培养体系。高科技人力资本在中国是稀缺资本，应加大教育体系改革及人才的培养力度。构建人才驱动发展、人才环境建设和人才价值整合。同时做好国内基础设施和国内市场一体化建设，减少交易成本，从而间接提高产品的国际竞争力。最后，树立和强化企业自主创新意识，提高企业的技术升级主体地位，积极引导和鼓励企业加大研发投入，不断增强自主创新能力，提升企业的国际竞争力。

（3）全球—地方网络双重嵌入提升了中国高端制造企业技术升级水平

贸易自由化促进了扩展边际上更多的企业参与全球高端制造产品分工，更多的企业嵌入全球网络，催生了地方区域产业集聚，即地方网络的形成。产业集聚吸引了服务生产要素流入，提高了制造业服务化率，促进了集约边际上创新企业的 R&D 投入力度，扩大了企业产品创新和过程创新，最终促成产业升级。此外，进一步分企业产权发现，非国有企业比国有企业对生产服务化投入更大。

这些结果表明，中国高端制造企业在贸易自由化政策的冲击下，更多的企业融入国际分工体系，加剧了市场竞争性。为了更好地在市场上获取竞争优势，各企业加强了上下游产业集聚关联程度，各区域呈现了工业园区、高新技术开发区等模式，形成了地方网络。这些区域的形成吸引了生产性服务要素的流入，提高了产业集聚区的制造业服务化水平，降低了企业运输和生产成本，增加了企业营业利润。具有创新意识的高端制造企业会把企业利润更多地投入到创新研发，实现创新产出，最终实现产业升级。当前，中国处于"制造大国"向"制造强国"转变的关键时期，以往的粗放型经济增长方式已然不适应中国经济的发展需要，创新成为引领中国发展的第一驱动力。在这种背景下，中国高端制造业应在掌握产业核心技术的基础上打造世界级高端制造业集群，嵌入全球贸易网络的核心节点，迈向全球价值链的中高端位置。

嵌入全球贸易网络的中国高端制造业应加强地方网络集聚的建设，打造全球—地方网络互动的新型高端制造业发展模式。建立企业、科研院所、相关中介机构等高度集聚的地方网络，形成以技术领先、协同度高、具有全球影响力的世界高端制造业集群，能在全世界范围内占据高端制造业的产业高地。因此，中国发展高端制造业仍需以创新为源动力：一是坚持以开放经济为原则，建立适度对外贸易政策。开放经济可以增强市场竞争机制，为降低成本企业会寻求不同的生产模式，加强企业间上下游的关联。加之政府的有效引导与支持，可以推进高端制造业集群建立的步伐。二是加强集聚区内的服务要素引入，提高制造业服务化水平。产业集群是以企业、科研院所、政策机构和中介机构为节点的网络体系。作为服务业的中介机构已成为推动科研成果转化强有力的因素。当前，高端制造业以服务化、绿色化和网络化为发展方向，制造业服务化水平已成为一国未来在高端制造业领域能否成功的关键因素。三是提高创新产出水平，促进产业转型升级。创新是高端制造业发展核心因素，进一步优化营商环境，为企业创新能力提升创造更好的政策条件。加大保护企业的创新动力和成果，提高科技成果转化率，促进基础研究与产业转化的关联，提高各层次技术人员的待遇，加强人才培养和技术培训，提高技术工人的创新能力。

（4）中国与他国的制度距离缩小可以提升中国高端制造业的全球贸易网络中心地位

通过网络地位升级理论分析可知，加强一国与他国直接贸易交往的能力，扩大一国的中间产品的出口，提高在他国的增加值，可以提升该国的全球贸易网络中心地位。因此，基于扩展的引力模型分析框架，分析制度距离与中国高端制造业全球贸易网络地位的关系，同时加入经济距离、文化距离和地理距离作为控制变量对模型进行回归，结果显示经济、文化和地理距离的差距越小，越有利于中国全球贸易网络地位的提升，进一步探索了制度因素通过技术因素影响贸易网络地位，中国与他国技术距离越大，政治制度距离对贸易网络地位抑制作用越大。

从以上结论可得以下启示：首先，中国应不断提升制度质量建设。缩小中国与他国制度距离，营造良好的国内制度环境，有利于促进互利共赢的贸易合作。中国应在政府稳定、政治效能和监管治理、腐败监管、法律保障制度和民主自由权利等方面加强建设，推动本国的政治制度建设。其次，中国应加大研发投入力度。高端制造业有个显著的特点是技术含量高、研发投入大、研发周期长，需要有较长远的战略规划才可能起到效果。最后，进一步加快与中国文化相近的国家的进出口贸易建设。中国近年来倡导"一带一路"政策，正积极开展与周边国家的开放贸易建设，在带动周边较落后的国家基础建设的同时，促进本国的经济发展，达到"合作共赢"的局面。

8.2　国外先进制造业集群的国际经验

全球先进制造业网络主要以美国、德国和日本等发达国家先进制造业集群为中心，发展中国家集群为外围的特征。主要体现为模块化、控制型和关系型三种模式的生产网络。

8.2.1　模块型生产网络——美国硅谷高科技产业集群

美国硅谷聚集了上万家高科技公司，是最具创造性的高科技产业集群。其成功之处有其历史原因，更重要的是集群内部特有的模块化产业组织，形成了硅谷创新文化环境。网络集群具有较强的外部性，网络内企业主要以研发设计为主，生产环节交于网络外部企业，硅谷的发展模式带来了低成本及有效的技术扩散。其特点主要体现在：第一，拥有一流的科技人才队伍。美国硅谷旁边的斯坦福大学、加州大学伯克利分校等世界一流科研高校带来了浓厚学术氛围和技术开发能力。第二，人才引进激励机制。美国为吸引高科技人才，对全球人才引进实行绿卡。第三，企业与各类机构之间有效地整合创新资源。通过制定产业联盟设计推动大学、科研机构与企业之间进行合作,形成了教育程度高、科技人才训练有素、技术转让机构完善和创新资源有效整合的硅谷。第四,风险投资的支持。全球风险基金近50%设在硅谷,良好的融资环境促成硅谷的高技术转化率。第五,硅谷激情的社会文化。硅谷特有的"勇于冒险、宽容失败、崇尚竞争、乐于合作、容忍跳槽、鼓励裂变"的创新社会文化环境和"大学、研究机构、企业、政府和中介机构"组成的区域创新网络造就了世界闻名的硅谷。

8.2.2 关系型生产网络——德国阿德勒斯霍夫科技园

从全球范围来看,"德国制造"一直是高质量的代名词,德国从未像其他发达国家那样为了提高服务业而降低制造业。德国阿德勒斯霍夫科技园是典型的关系型生产网络。关系型生产网络是在平等条件下,由地理邻近的众多中小企业构成的。与模块化生产网络不同的是,企业规模相差不大,没有核心企业,企业之间建立在长期合作的基础上,通过相互信任和社会网络关系联结在一起。网络内企业存在竞争和合作关系,竞合关系是集群网络联系的桥梁。其特点主要体现在:第一,中小企业政策支持。德国政府推出了一系列的创新计划,增强了中小企业创新能力。同时设立了创新基金,用来缓解中小企业自有研发资金不足的问题。德国政府对中小企业扶持政策对集群的发展产生巨大的推动作用。第二,形成特有的产业集聚政策。德国不像美国的企业把价值链较低端的部分放在国外生产,而是自己推动产业链上下游一起发展,形成完整的产业系统。第三,官产学研相结合政策,政府推动大学、科研机构和企业相结合,加速了创新成果运用于实践,同时加大支持中介机构,有效促进成果转化。第四,金融优惠保障措施。德国长期坚守稳定的金融外部环境,严格的金融监管体系使资本市场保持低回报率,保证了资本投向实体经济。第五,"双轨制"教育体系。德国教育体系实行校企合作的"双轨制",为德国输送一批又一批技术精湛的工程师,从而形成了德国特有的"工匠精神"和"工程师精神",这种文化精神造就德国制造始终坚持精细化、高品质的发展路线。

8.2.3 控制型生产网络——日本丰田汽车产业群

纵观国际汽车行业,大多是以产业集群的方式发展起来的,像美国底特律汽车城、日本丰田汽车。日本丰田汽车产业集群被称为典型的控制型生产网络。以丰田企业为核心,下设大量的承包企业,集群内企业之间形成长期合作关系,丰田企业是集群网络的核心企业,承包企业为丰田企业生产非核心零部件。其特点主要表现在:第一,产业集团式的组织构架。整个网络的组织形态就像一家企业集团,是垂直一体化分工为主的生产模式。第二,企业之间柔性与动态变化的网络关系。网络内企业关系是相互竞争与合作,呈现出柔性、动态变化的网络关系,核心企业的发展离不开承包企业及其他机构的支持与帮助,核心企业的发展又可以带动网络内其他企业和机构相互促进和协调发展。第三,独特的网络内组织之间的信赖关系。贯彻实行的商业理念和文化,保证了外包制和柔性生产系统的完美结合。第四,知识共享与转移方式。丰田汽车产业集群通过核心企业给承包企业提供雇员培训和实习、承包企业之间展开自主学习及问题解决的两种学习方式,让网络内企业获取显性和隐性知识。第五,丰田长期信任和忠诚文化。通过知识转化机制,加之丰田汽车产业群"忠诚、信任、亲和"的独特地方文化,让集群中知识得到有效共享与转移。

综上所述,国外典型产业集群发展模式为我国推动先进制造业集群的发展带来了有益的启示。当前我国经济已由高速度增长阶段转向高质量发展阶段,培育先进制造业集群的发展对攀升全球价值链中高端起到重要的作用。

8.3 打造全球—地方网络互动产业模式的路径探索

根据前几章实证分析可知，中国应在坚持开放经济的基础上，打造属于中国的"全球—国家价值链"。目前，中国科技实力是新中国成立以来与世界前沿的科技差距最小的时期，形成了产业门类齐全的工业体系，已步入工业化发展的中后期，形成的全球—地方网络互动的产业发展模式正符合中国现阶段工业发展的要求。通过纵向及横向两个维度对中国高端制造业打造全球—地方网络互动产业模式的路径进行分析，提出在不同发展经济体所采用的发展路径有所不同。

8.3.1 以模块型网络为主纵向内部一体化嵌入

纵向内部一体化嵌入是以跨国集团整体为主，跨国公司严格按照母公司运营管理模式。以扩大经济规模为主导思想，母公司为子公司带来技术支持、资源整合和合作效率。企业内部子公司与母公司之间保持紧密的联系，母公司制定子公司组织结构框架，子公司必须由母公司进行集中管理，并与母公司国际认知保持高度一致性。一般情况下，由母公司负责协调产品的研发、生产和销售服务，这种集中性及协调性可以保证母公司与子公司保持实时关注，提高企业内部的一致性，从而有利于提高企业的运营效率，增加企业的经济规模。以发达经济体为代表的跨国企业，经常采用纵向内部一体化嵌入发展中经济体。相对于发展中经济体，发达经济体跨国企业产品品牌成熟、运营体系完善、在全球市场中占主导位置，其全球贸易网络嵌入的模式如图 8.1 所示。

人均收入低于中国的发展中经济体，其经济、文化、技术和产品标准都落后于中国，中国制造业目前的技术水平及标准，足以满足这些发

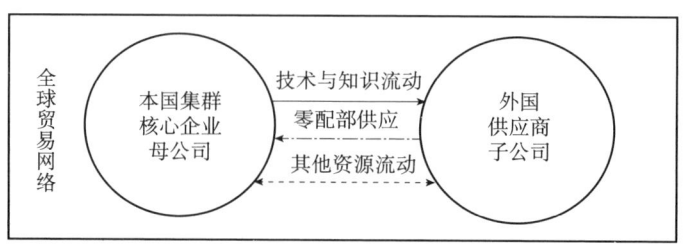

图 8.1 模块型生产网络一体化嵌入

展中国家市场需求。在"一带一路"沿线国家中有许多这样的国家,中国结合自身国情,响应"走出去"战略,在"共享经济"下造福周边发展中国家的经济,同时推动中国先进制造业再发展。中国跨国企业可以采用模块型为主纵向内部一体化的嵌入模式,因为相对于欠发达、并且在价值链低端的国家,中国的企业无论从运营管理体系,还是产品品牌都优于这些国家,根据比较优势论,中国可以以高端嵌入的方式,形成模块型一体化内部嵌入,中国在产业价值链占据主导地位,处于价值链的上游环节,而下游环节的装备加工外包给东道国。在生产网络节点上我国制造企业作为核心节点,即领导厂商,处于区域网络的核心位置,下设核心供应商、一般供应商和其他合作伙伴,主要与核心供应商进行交易,再由核心供应商发散下去,形成网络连接的形态。这种嵌入模式具体表现为母公司制定组织结构框架,对子公司的财务管理和经营范围进行控制,同时实行较强企业内部文化,母公司负责研发设计与销售,子公司负责装备生产。

8.3.2 以关系型生产网络为主横向外部本土化嵌入

横向外部本土化嵌入是以跨国企业所处当地环境为主,跨国企业适应所在地环境的运营管理模式,如图 8.2 所示。以"制度距离"和"文化距离"为主,制度距离包括政治环境、政治体制、权力结构以及政策引导,其注重政治因素与组织经济行为之间的作用机制。通过建立外部东道国政府的关系，让子公司认知和熟悉东道国的法律制度，当东道国政策发生调整时，子公司能够实时改进。文化距离是社会文化对经济组织体的影响，不同文化背景下经济组织执行标准和合作水平都是不同的，跨国企业在进行管理操作时，要将不同经济体的共同认知、传统惯例和宗教信仰与社会网络的价值观纳入跨国企业战略考虑中，以营造不同经济体的认同感。对文化因素的关注能够缩减与东道国文化距离，特别是企业对外籍员工的日常管理，有利于减少沟通中产生的错误理解，提高企业管理的有效性。

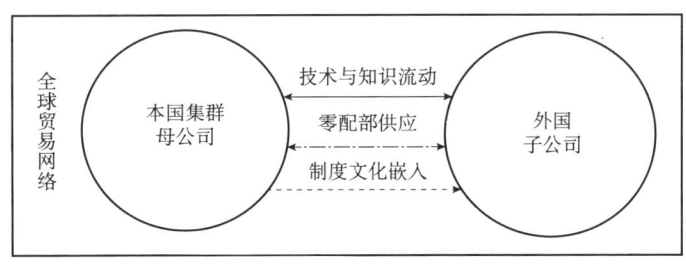

图 8.2　关系型生产网络本土化嵌入

发达经济体由于其产业结构合理和制度环境完善，大多数产品标准已是国际标准。我国不以一体化的方式嵌入，而以本土化方式嵌入为主，跨国企业取得的经济效应将会更佳。因为子公司与客户、供应商及其他合作伙伴关系承载了更多能力与资源，子公司做出适应东道国的调整，了解当地客户需求、供应商特点及政府的政策，通过深入东道国制度文化，吸收及借鉴东道国的知识、技术与资源，从而促进子公司在东道国的成长。子公司把学习到的知识与技术传递给母公司及其他子公司，进而促进跨国集团整体成长。这种嵌入方式是以"融入本土市场"为首要任务，当跨国公司没有能力影响或改变当地政府与市场环境的情况下，应该适应东道国本土化的发展，母公司要求子公司的组织结构本土化、人力资源属地化、营销策略本土化和企业文化属地化。子公司应在尊重东道国本土文化的基础上，招聘大量的本地员工，并尊重当地员工的生活及饮食习惯，从而获得当地员工的认可。同时能够因地制宜地管理客户关系与政企关系，参与当地社交活动。通过有效的员工、客户及政府关系管理,制定市场目标定位,从而帮助企业抓住市场机会,提高企业能力和市场绩效,提升子公司在本土和集团内部的实力及影响力。

8.3.3 以关系与模块相结合为主纵横交错双元嵌入型

纵横交错内外双元嵌入型是以跨国集团内部与当地环境相结合为主,主要针对与中国经济发展水平比较接近的国家的嵌入模式。这些国家的制度和标准都与中国比较接近,子公司应根据东道国的实际情况采用关系与模块相结合的双元嵌入模式。中国制造企业融入全球贸易网络过程中的网络联系不断"稠化",网络布局的节点数量不断增多。跨国公司在网络中的地位差异直接影响到网络配置资源的能力,如果中国跨国企业被动地嵌入发达国家所主导的全球高端制造业网络,虽然可以加大高端制造业价值链的长度,却无法提升高端制造业价值链的深度,进而影响中国高端制造业价值增值的能力。因此,跨国成长的资源整合和利用,必须在网络治理中占据有利的位置,才能实现价值链自主延伸及升级,实现企业跨国成长,减少嵌入位置与增值能力错配的现象。

与中国发展水平相近的经济体进行跨国合作时,在纵向维度上以领导厂商为核心节点的嵌入形式,成为品牌制造者(OBM)和技术掌控者(TLM),其发展战略决定了网络的发展方向,跨国公司将不同的生产阶段分布在最有效率且成本最低的区位,利用不同区位上成本、资源、物流和市场差别获取利益。其自身负责主要研发设计与销售服务环节,而制造装备加工以业务流程外包(BPO)方式发包给区位上其他厂商。在横向维度上加强子公司向东道国制度文化的渗透和东道国供应商及其他合同伙伴的联动关系,制造出适应东道国市场需求的产品。一方面,企业是东道国生产网络的主导者和重要组成部分,具有重要的主导地位与控制权力。另一方面,企业作为发展中经济体生产网络的重要节点,根植于东道国生产网络,从而达到"节点→线条→网络"的布局。以领导厂商为核心节点的参与主体的中国跨国企业,与其他参与主体间交互作用，形成经济绩效、技术转移及专业扩散的网络集群效应，从而提升整个网络的价值增值。

综上所述，根据全球生产网络动态治理模型和稀缺性理论，随着时间的变化，知识转移与组织学习日益加大，中国跨国公司在形成自有市场及核心技术后，嵌入发达经济体的供应商地位上升，领导厂商的地位下降，实现组织结构不断地进行边际调整和校正，跨国公司再以纵向维度推进网络核心节点的建立，从而占据全球生产网络有利位置。跨国公司在与其他公司合资、合作及上下游联系时，不断提升企业的研发创新能力，实现主导价值链核心环节和增强价值链增值的能力。根据木村和安藤（Kimura & Ando，2005）提出的二维分析框架：空间布局和组织选择，在此绘制了中国高端制造企业多维度嵌入全球生产网络路径图，如图8.3所示，纵轴表示产品价值链上下游位置，横轴表示生产网络中产品分工工序中跨国企业与其他企业网络联动程度。纵轴与横轴把空间分为四个象限，第一象限是一个国家发展中的原始位置；第二象限是嵌入发展中经济体的路径；第三象限是嵌入发达经济体的路径；第四象限是中国跨国企业嵌入全球生产网络未来发展路径。不同经济体嵌入的路径方式是不同的，但最终想要达到的目标都是第四象限。

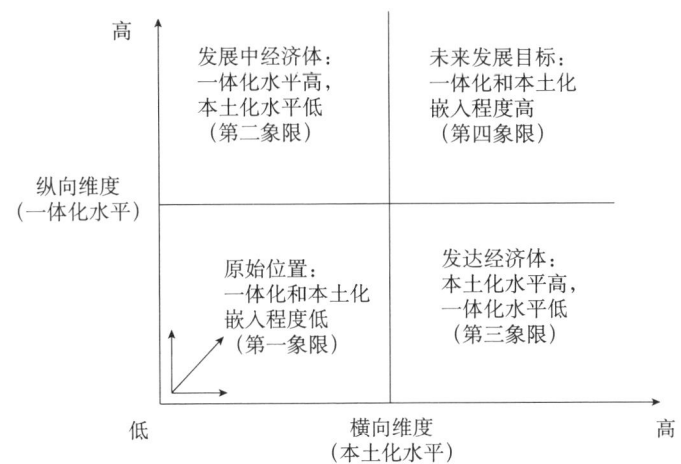

图8.3 多维度嵌入全球贸易网络路径

8.4 中国高端制造业发展的政策建议

沿着产业升级的路径（工艺升级—产品升级—功能升级—链条升级），经过二十多年发展中国制造业发展已初见成效，形成门类齐全的产业产品体系，涌现出一批具有国际影响力的自主品牌。中国处于由功能升级向链条升级阶段的转变，培育全球—地方网络互动的高端制造业集群是破解中国制造业"低端锁定"局面，并实现链条升级的有效方法之一。为此，在实证分析基础上提出以下政策建议。

8.4.1 建立适度的对外贸易政策

根据波特的国家竞争优势理论，越高级越专业的要素，其竞争优势和比较优势越持久。为了建立可持续发展的对外贸易政策，中国在高端制造业领域需要拥有自己的核心技术。面对贸易冲突长期化和常态化，中国应在开放原则下，建立适度的对外贸易政策。第一，由"全球价值链"向"全球—国家价值链"的产业发展模式转变。中国产业在参与全球价值链分工体系中完成了工艺升级和产品升级，但功能升级和链条升级的环节却遭受发达国家的多重技术封锁，加之贸易冲突的常态化，中国产业在完全参与全球价值链分工中无法突破低端锁定的局面。此时，中国应建立自己的国家价值链，加强自主创新能力，培育本国产品的上游价值链，有效打造以创新驱动为主的高端制造业集群，同时加强上下游产业集聚关联程度。第二，由"出口导向"向"适度扩大进口"的开放型国内市场的外贸政策迈进。中国在深度参与"雁行模式"国际分工中，暴露了中国产业在国际分工体系中的脆弱性。开放国内市场，增加进口可以缓解目前贸易摩擦，为中国自主创新赢得更多时间。

因此，中国在适度扩大进口市场的同时应加快建立世界级高端制造业集群，依靠自己的力量掌握核心技术，为突破中国在国际分工体系中的不利局面做好应对措施。

8.4.2　培育世界级高端制造业集群

（1）加强政府引导协调作用

中国制造业集聚最早是由市场主导的海外跨国企业为寻求低生产成本而建立起来的代加工生产集聚地，是具有价值链低端特征的制造基地。而世界上很多成功的产业集群都与政府有力扶持与调控分不开，中国打造世界级高端制造业集群同样需要加强政府扶持与调控。第一，政府应加大对高科技产品研发投入，推动"互联网＋高端制造业"新型产业模式。第二，建立集群内技术转化机构，制定产学研相结合的政策，以推动科研成果转化为产出；同时政府推进企业融资平台，加强金融机构与企业合作。第三，建立标准化的管理体系，创办由企业、政府、研究院所和行业协会组成的评估机构，制定企业市场采信标准和产品认证标准。第四，借鉴发达国家创新集群政策，发挥政府在集群中扶持和调控作用，推进技术自主研发生产，提高企业的创造发展和创新发展水平，促进集群知识转化率。第五，政府应引导企业扩大国际合作，支持与鼓励企业、科研院所等机构参与制定产品国际标准，为打造"中国制造"的国际品牌做好前期工作。

（2）建立技术学习创新机制

美日德的产业集群发展都非常注重知识共享与转移、技术流动与扩散，由此可见，技术创新是高端制造业集群发展的关键因素。技术学习机制的创新应借鉴国外技术升级联盟计划，加强集群网络内企业、大学、科研机构、技术转让机构和行业协会相互联系，使信息与知识在集群内流动与扩散，同时通过产业链上下游企业合作与培训，获取显性与隐性知识，通过创新要素资源整合提升成果转化率。具体可以通过

"产业联盟计划"和"导师制"方案实施,"产业联盟计划"主要分为两个部分,其一是垂直分工中上游企业与下游企业之间组织学习,上游企业对下游企业的员工进行培训,达到信息和知识流动的目的,进而获取结果知识;其二是横向同行企业之间组织学习,通过"解决问题"与"自愿学习"方式进行信息和知识转化,获取过程知识。"导师制"是集群内成员企业通过密切教与学的学习方式,达到隐性知识传承的目的,其有效运行加速了集群内隐性知识和专业技术的扩散和共享。

(3) 加强制造业服务化水平

制造业服务化已成为企业创新能力和生产效率提升的重要因素,服务型制造已成为当前制造业发展中最具潜力的方向。一方面,世界资源和能源的有限性及自然生态环境的保护性都要求人类需要寻找新的生产方式,服务型制造能够减少能源与资源的投入,缓解工业对自然环境的污染,并能提高产品附加值和综合竞争力。另一方面,新一轮科技革命和贸易冲突都集中体现在科技创新领域。科技创新最频繁的行业当数制造业,它是创新的来源方和应用方,制造业与服务业有效融合才能提升科技创新的水平。研发设计和销售属于价值链的高端环节,也是服务化水平较高的环节。提升制造业服务化水平可以促进价值链的攀升。随着需求结构变化和人工智能的发展,具有高附加值的服务特征的现代个性化定制和智能信息化服务已越来越受需求者的欢迎。服务型制造是运用云计算、物联网和工业互联网的新信息技术和传统制造业技术相整合的复杂性工程,未来发展还有很大提升的空间,推动制造业服务化是制造业未来发展的趋势,相应服务业的市场需求也随之扩大。当前,产业结构重组的过程中,我国的加工制造环节已发生转移,更多集中在资源开展研发设计、营销管理和品牌维护等领域,服务化成为推动产业链向中高端攀升的重要途径。

(4) 加强人才培养引进措施

迈向价值链的中高端,需要有相应的高科技研发团队。中国目前面临缺乏"高精尖"的研发人才,自身培养模式的技术人才应用转化能力较弱。面对这些问题，应采用人才培养与引进相结合的方式解决，吸引优秀的海外高科技华人回国及为国外优秀高科技人员开通绿卡，同时为国内外优秀人才创业提供绿色通道，为这些国内外优秀人才加大社会保障方面的特殊优待，包括医疗、子女教育和企业任职等；教育体制的改革，应以创新为教育培养的核心，在基础教育上应加大科技创新课程的开设，改变高等教育教学大纲的设计，加大选修课程及实践性课程的开设，加强高校教师实践能力的建设，安排及引导高校教师到企业兼职，重视实践与理论融合；完善职业教育体系，增强校企合作，让企业参与职业院校的课程设置，共同肩负起培养企业员工的责任，学生在学习培训中享有一定数量的津贴和劳动合同保护，在考核标准上要与时俱进；重视对制造业创新意识的培养，增强国际视野和创新意识，鼓励学生敢于面对挑战、打破常规，创造性地开展工作。

（5）完善相关配套与法律制度

创建"互联网+高端制造业集群"公共服务体系，建立四大功能的综合公共服务的网络平台：一是建立技术转化网络平台。主要开展成果项目的受理和评估、技术咨询和专利保护等业务，此平台可以有效整合创新要素资源和加速成果转化。二是建立互联互通的供应商网络。通过网络平台可以查询全国供应商库存情况，使企业在最近的距离用最低的成本采购所需的配件，从而降低企业成本和提高企业生产率。三是建立互联网创新企业融资平台。包括投融资服务、风险基金的设立、企业股权众筹平台，降低企业融资成本。四是打造全球营销宣传模式。对中国产业集群内企业进行形象策划、宣传推广、品牌建设、营销策划，在国外市场树立产品的优良形象。为产业集群内中小企业提供低成本融资。制定与产业集群配套发展的法律制度，包括知识产权保护制度和金融监管制度，制定严格的知识产权保护制度以确保高科技研究团队成果的价值。加强金融监管，规范地方政府融资平台，形成稳健的货币政策，保证足够资本投向实体经济，保障高端制造业集群的健康发展。

（6）注重创新文化培养

目前中国高端制造企业缺乏创新文化的建设，这在很大程度上阻碍了中国高端制造业的发展。创新文化主要从观念、制度和环境三个方面来驱动企业自主创新。第一，观念是创新文化中驱动企业技术创新最关键的因素。包括创新的价值观和社会意识等，体现在科学和企业家精神，这些精神决定了企业及员工的价值取向和创新态度。企业形成创新观念文化需要经过漫长的创新意识培养。创新观念文化具有柔性约束作用和不可模仿、复制的特点。第二，制度是政府为顺利开展创新活动而制定的体制机制、管理制度和法律法规，以及各种惯例。这是创新文化的外生动力，是实现技术创新的保障，有利于整合集群的创新资源、引导企业的价值取向和规范成果的评估标准，通过创新制度文化持续性的作用逐步塑造企业的行为模式。创新制度文化具有硬性约束作用，且具有可复制和模仿的特点。第三，创新环境文化是企业整体形象和区域品牌的表现，企业技术创新的基础和外生动力，通过创新制造文化硬性约束下企业进行各种创新活动，营造创新环境文化渗入企业内，从而推进企业持续技术创新的步伐。在创新观念文化柔性约束和创新制度文化硬性约束的共同作用下，创新环境文化对企业技术创新具有显性约束作用。因此，我国应加强企业创新观念的培养、创新制度文化的制定、创新环境文化的营造。

综上所述，产业集群是由政府、企业、中介机构、科研机构和金融机构五个网络节点组成，联结各节点间进行合作、交换和交易的活动是网络的弧线，弧线上会产生知识流、信息流、物流、资金流和技术流等。我国高端制造业集群培育模式（如图8.4所示）需要积极发挥政府的引导与协调作用，加强企业自主创新能力，并在集群内搭建各项有利于成果转化为产出的平台、制度及政策作为保障，为顺利实现战略规划《中国制造2025》打下坚实的基础。

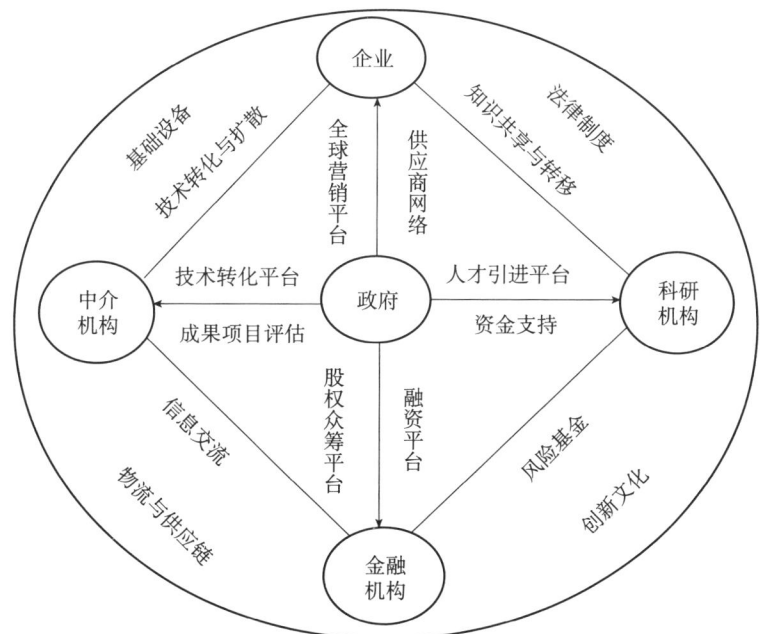

图 8.4　世界级高端制造业集群培育模式

8.5　研究展望

本书基于社会网络理论与新经济地理理论分析框架,从网络关系与动态演化视角来分析"中国高端制造业在全球贸易网络地位与升级",测度了全球高端制造业整体网络特征和个体网络的中心性,动态识别了全球价值链嵌入对全球高端制造业网络中心地位的影响,通过自然实验法与递归方程组分析全球—地方网络嵌入下中国高端制造企业技术升级传导机制,进一步考察制度因素对全球贸易网络地位升级的影响。本书虽力图明晰中国高端制造业在全球贸易网络的格局及中心地位和产业演化进程,提出全球—地方网络双重嵌入产业发展模式,解决当前可续读发展问题的方案,但由于全球贸易网络关系、地方集群网络影响因素错综复杂，很多因素难以用数据衡量，加之数据较难获取，对中国高端制造业全球贸易网络地位升级剖析等方面的研究还存在不足，后续的研究还需从以下面几个方面进一步探索：

（1）全球价值链嵌入对全球高端制造业贸易网络中心地位的影响机制

国际贸易是一个复杂的网络系统，影响全球高端制造业贸易网络中心地位的因素也较多。比如国家关系、贸易转移效应和区位优势等因素对双边关系都有较大的影响，难以用简单模型进行量化，而且数据获取也有一定的难度。受笔者学识和收集文献的能力所限，全球价值链嵌入对全球高端制造业贸易网络中心地位未进行机制分析。后续的研究中，将尝试深入挖掘全球价值链嵌入影响全球贸易网络中心地位的中介效应。

（2）网络中知识流动与转化对中国高端制造企业技术升级的影响

作为跨学科研究，本书希望进一步探索企业参与全球—地方网络中知识流动与转化对技术升级的影响。由于知识流动与转化无法在公共网络公布的数据库中获取，后续研究试图采取分析具体案例、展开实地调研、设计调查问卷的方式，通过对现实的观察和分析，衡量全球—地方网络节点间的知识流动与转化，企业、政府与中介机构网络关系，考察企业如何通过政府引导和中介机构服务进行培训学习和共同解决问题，如何获取显性知识和隐性知识，并验证知识流动与转化对企业在全球贸易网络地位升级影响效应。

（3）创新文化对中国高端制造企业发展影响

相对于高科技行业，科学精神是技术创新的根本动力，创新文化氛围对国家的创新产出影响较大，国内企业创新文化难以用数据衡量，可能需从其他方面考察企业是否具有创新意识和创新文化。由于以上数据较难获取，本书没有对此进行深入探索，更多是从市场机制的进行实证分析。后续研究试图展开实地调研、设计调查问卷的方式，通过对现实的观察和分析，考察创新文化对中国高端制造企业的影响。

附 录

附表 1　SITC Rev3 的三位编码产品代码与我国工业行业对应表

国民经济行业	SITC 产品
煤炭开采和洗选	321（0.5）、322（0.5）
黑色金属矿采选	281（0.7）、283（0.2）、284（0.05）、285（0.04）、287（0.06）、289（0.06）
有色金属矿采选	283（0.8）、284（0.95）、285（0.96）、287（0.94）、289（0.94）、278（0.1）、667（0.05）
非金属矿采选业	272（0.6）、273（0.9）、274（0.75）、277（0.6）、278（0.8）、667（0.23）
农副食品加工业	11（0.5）、12（0.45）、16（0.5）、17（0.5）、25（0.15）、34（0.45）、35（0.75）、36（0.375）、37（0.75）、42（0.75）、46、47、48（0.55）、54（0.01）、56（0.5）、58（0.35）、59（0.35）、61（0.85）、71（0.2）、74（0.15）、81（0.55）、91（0.75）、98（0.2）、211（0.45）、223（0.15）、268（0.05）、291（0.15）、411（0.5）、421（0.8）、422（0.75）、431（0.45）、592（0.5）
食品制造业	11（0.25）、12（0.225）、16（0.25）、17（0.25）、22、23、24、25（0.45）、34（0.15）、35（0.25）、36（0.125）、37（0.25）、48（0.35）、54（0.01）、56（0.25）、58（0.35）、59（0.35）、61（0.05）、62、71（0.5）、72（0.8）、73、74（0.3）、81（0.2）、91（0.25）、98（0.6）、211（0.2）、223（0.05）、268（0.25）、291（0.05）、411（0.2）、421（0.2）、422（0.25）、431（0.15）、551（0.1）、592（0.15）、593（0.1）、597（0.1）、598（0.07）、882（0.07）、895（0.01）、898（0.25）
饮料制造业	25（0.15）、48（0.1）、54（0.01）、56（0.25）、58（0.3）、59（0.3）、71（0.15）、74（0.1）、98（0.15）、111、112、512（0.1）
烟草制品业	122
纺织业	261（0.7）、263（0.3）、264（0.5）、265（0.5）、266（0.3）、267（0.5）、268（0.55）、411（0.2）、651（0.7）、652、653、654（0.94）、655、656（0.75）、657（0.65）、658（0.7）、821（0.06）、841（0.375）、842（0.375）、843（0.375）、844（0.375）、845（0.4）、846（0.5）、848（0.25）、899（0.01）
纺织服装鞋帽业	657（0.02）、841（0.25）、842（0.25）、843（0.25）、844（0.25）、845（0.25）、846（0.2）、848（0.15）、851（0.25）
皮革等制品业	11（0.25）、12（0.225）、16（0.25）、17（0.25）、81（0.02）、211（0.2）、268（0.15）、411（0.1）、611、612、613、657（0.05）、658（0.15）、821（0.01）、831、841（0.375）、842（0.375）、843（0.375）、844（0.375）、845（0.35）、846（0.3）、848（0.25）、851（0.25）、885（0.05）、899（0.01）
木材加工及制品	244（0.3）、246、247（0.75）、248、633（0.5）、634（0.9）、635（0.8）、899（0.05）
家具制造业	821（0.9）
造纸及纸制品业	251（0.8）、641（0.8）、642（0.8）、657（0.04）、659（0.07）、892（0.15）

续表

国民经济行业	SITC 产品
印刷和媒介复制	642（0.2）、892（0.15）、726（0.07）
文体用品制造业	269（0.3）、431（0.02）、551（0.1）、581（0.1）、582（0.1）、583（0.1）、592（0.05）、593（0.1）、597（0.1）、598（0.07）、659（0.02）、692（0.025）、693（0.06）、694（0.06）、697（0.04）、699（0.045）、749（0.005）、773（0.01）、813（0.01）、848（0.02）、874（0.3）、882（0.07）、891（0.004）、893（0.1）、894（0.65）、895（0.02）、897（0.09）、898（0.5）、899（0.01）
石油核燃料加工	334、342、344、525（0.6）、718（0.2）、325、335（0.4）
化学原料制品制造	232（0.9）、245（0.5）、269（0.06）、272（0.4）、274（0.25）、281（0.3）、335（0.5）、431（0.25）、511、512（0.9）、513（0.95）、514（0.75）、515、516（0.95）、522（0.95）、523、524、531、532、533、551（0.8）、553、554、562、571、572、573、574、575、591、592（0.3）、593（0.8）、597（0.8）、598（0.8）、659（0.002）、667（0.18）、874（0.05）、882（0.55）、894（0.025）、895（0.7）、897（0.015）、898（0.2）、899（0.02）
医药制造业	269（0.06）、513（0.05）、514（0.25）、516（0.05）、541、542、659（0.002）、874（0.05）、894（0.025）、895（0.02）、897（0.015）、899（0.02）
化学纤维制造业	251（0.2）、266（0.7）、267（0.5）、641（0.2）、651（0.26）
橡胶制品业	232（0.1）、621、625、629、657（0.04）、848（0.1）、851（0.25）
塑料制品业	581（0.9）、582（0.9）、583（0.9）、773（0.08）、813（0.09）、848（0.2）、851（0.25）、893（0.9）
非金属矿物制品	273（0.1）、269（0.06）、335（0.1）、522（0.05）、598（0.05）、651（0.02）、654（0.04）、659（0.002）、661（0.9）、662、663（0.97）、664（0.9）、665（0.9）、666、745（0.01）、773（0.25）、778（0.08）、812（0.3）、813（0.05）、874（0.05）、894（0.025）、895（0.02）、897（0.015）、899（0.02）
黑金属冶炼压延	671、672、673、674、675、676、677、678、679
有色金属冶炼	692（0.025）、693（0.06）、694（0.06）、697（0.04）、699（0.05）、749（0.005）、891（0.004）、895（0.01）
金属制品业	277（0.2）、667（0.2）、691、692（0.55）、693（0.7）、694（0.7）、695、696、697（0.5）、699（0.75）、749（0.055）、784（0.1）、786（0.35）、811、812（0.2）、891（0.08）、895（0.1）、897（0.35）、961（0.5）
通用设备制造业	692（0.35）、693（0.06）、694（0.06）、697（0.04）、699（0.05）、712、713（0.5）、714（0.3）、718（0.8）、723（0.05）、728（0.15）、731（0.6）、733（0.6）、735（0.6）、737（0.6）、741（0.5）、742、743（0.7）、744（0.95）、745（0.65）、746、747、748、749（0.15）、778（0.08）、891（0.004）、895（0.01）

续表

国民经济行业	SITC 产品
专用设备制造业	721（0.2）、722（0.3）、723（0.95）、724、725（0.9）、726（0.8）、728（0.8）、731（0.4）、733（0.4）、735（0.4）、737（0.4）、741（0.4）、743（0.05）、744（0.05）、745（0.25）、749（0.7）、751（0.2）、752（0.2）、759（0.2）、774、778（0.04）、872、891（0.9）、899（0.15）
交通运输设备制造业	692（0.025）、693（0.06）、694（0.06）、697（0.04）、699（0.05）、713（0.5）、714（0.7）、725（0.1）、726（0.08）、728（0.05）、741（0.005）、745（0.01）、749（0.07）、781、782、783、784（0.9）、785、786（0.5）、791、792、793、891（0.004）、895（0.01）
电气机械器材制造业	697（0.3）、716、741（0.095）、743（0.25）、745（0.02）、749（0.01）、771、772（0.8）、773（0.6）、775、776（0.15）、778（0.55）、812（0.5）、813（0.8）、881（0.05）、898（0.05）
通信设备、计算机制造业	726（0.01）、745（0.01）、751（0.3）、752（0.3）、759（0.3）、761、762、763、764（0.9）、772（0.2）、773（0.05）、776（0.85）、778（0.25）
仪器仪表及文化办公用机械制造	269（0.06）、659（0.004）、726（0.04）、751（0.5）、752（0.5）、759（0.5）、764（0.1）、871、873、874（0.05）、881（0.95）、884、885（0.95）、894（0.025）、895（0.02）、897（0.015）、899（0.45）
电热力生产供应	351、525（0.4）
燃气生产供应业	345
水的生产供应业	721（0.8）、722（0.7）、745（0.05）、786（0.15）

附表 2　　高端制造业 ISIC 与 SITC 匹配产品分类

行业名称	ISIC Rev3 编码	SITC 编码	商品分类
药品、医药化学剂和植物药材制造	2423	513.93	水杨酸及其盐类和酯类
		514.64	赖氨酸及其酯类和盐类；谷氨酸及其盐类
		514.81	季铵盐类及氢氧化物；卵磷脂及其他磷氨脂
		514.71	无环酰胺（包括无环氨基甲酸酯）及其衍生物；其盐类
		514.79	其他环酰胺（包括环氨基甲酸酯）和其衍生物；及其盐类
		515.63	其他内酯
		515.69	未另列明的含有氧杂原子的杂环化合物
		515.71	含有氮杂原子的杂环化合物，包含一个非熔融的吡唑环，不论已否在结构上氢化
		515.72	乙内酰脲及其衍生物

续表

行业名称	ISIC Rev3 编码	SITC 编码	商品分类
药品、医药化学剂和植物药材制造	2423	515.76	含有氮杂原子的杂环化合物，包含一个嘧啶环，不论已否氢化，或包含一个呱嗪环，或一个非熔融的三嗪环，不论已否在结构上氢化；核酸及其盐类
		515.78	包含一个吩噻嗪环状系统的环杂化合物，不论已否氧化，未进一步熔融
		515.8	磺胺
		541.11	前维生素及维生素类，天然品或合成的再制品（包括天然浓缩物），其主要用作维生素的衍生物，以及上述药物的混合物，不论是否加入溶剂，未配制成第542组所列的药物
		541.12	维生素 A 及其未混合的衍生物
		541.13	维生素 B 及其未混合的衍生物
		541.14	维生素 C 及其未混合的衍生物
		541.15	维生素 E 及其未混合的衍生物
		541.16	其他维生素及其未混合的衍生物
		541.17	前维生素和维生素类的混合物（包括天然浓缩物），不论是否加入溶剂
		541.52	垂体（前）或类似激素及其衍生物
		541.53	其他甾族激素及其衍生物和结构类似物
		541.51	胰岛素及其盐类
		541.59	其他
		541.61	配糖体类，天然品或合成的再制品，及其盐类、醚类、酯类及其他衍生物
		541.41	罂粟生物碱及其衍生物和其盐类
		541.42	金鸡纳树皮生物碱及其衍生物和其盐类
		541.43	咖啡因及其盐类
		541.44	麻黄碱及其盐类
		541.45	茶叶碱和氨茶碱（茶叶碱—乙二胺）及其衍生物和其盐类
		541.46	黑麦角生物碱及其衍生物和其盐类
		541.47	尼古丁及其盐类
		541.49	其他植物生物碱及其盐类；未另列明的生物碱的衍生物及其盐类
		516.92	纯糖类（蔗糖、乳糖、麦芽糖、葡萄糖及果糖）；糖醚和糖酯及其盐类

续表

行业名称	ISIC Rev3 编码	SITC 编码	商品分类
药品、医药化学剂和植物药材制造	2423	541.31	青霉素及其青霉烷酸结构的衍生物；以及其盐类
		541.32	链霉素及其衍生物和其盐类
		541.33	四环素及其衍生物和其盐类
		541.39	其他类抗生素
		541.62	腺体和其他器官类为器官治疗之用，干的，不论已否制成粉末；腺体或其腺体的提取物以及其器官治疗之用的分泌物的提取物；肝素及其盐类；未另列明的经过加工用于治疗上的或预防上的其他人类或动物性物质
		541.63	抗血清及其他血成分和修饰免疫制品；人用疫苗和兽用疫苗
		541.64	人血；经加工用于治疗上、预防上或诊断上的动物血，微生物毒素及培养物（不包括酵母菌）和类似的制品
		542.11	含有青霉配结构的青霉素及其衍生物，或链霉素及其衍生物，未配制成合标准的剂量或零售包装形式的药物
		542.12	含有其他抗菌素，未配制成合标准的剂量或零售包装形式的药物
		542.21	含有胰岛素，未配制成合标准的剂量或零售包装形式的药物
		542.22	含有其他激素或第541.5分组所列的其他制品，未配制成合标准的剂量或零售包装形式的药物
		542.31	未配制成合标准的剂量或零售包装形式的药物
		542.91	未另列明的药物，未配制成合标准的剂量或零售包装形式的药物
		542.13	含有青霉素结构的青霉素及其衍生物，或链霉素及其衍生物，配制成合标准的剂量或零售包装形式的药物
		542.19	含有其他抗菌素，配制成合标准的剂量或零售包装形式的药物
		542.23	含有胰岛素，配制成合标准的剂量或零售包装形式的药物
		542.24	含有皮质甾类激素及其衍生物和结构类似物的药物
		542.29	含有其他激素或第541.5分组所列的其他制品，配制成合标准的剂量或零售包装形式的药物
		542.32	配制成合标准的剂量或零售包装形式的药物
		542.92	含有维生素或第541.1分组所列的其他制品，配制成合标准的剂量或零售包装形式的药物

续表

行业名称	ISIC Rev3 编码	SITC 编码	商品分类
药品、医药化学剂和植物药材制造	2423	542.93	未另列明的药物，配制成合标准的剂量或零售包装形式的药物
		541.91	未另列明的药物，未配制成合标准的剂量或零售包装形式的药物
		541.92	含有维生素或第541.1分组所列的其他制品，配制成合标准的剂量或零售包装形式的药物
		541.93	配制成合标准的剂量或零售包装形式的药物
		541.99	未另列明的药物
办公室、会计和计算机机械制造	3000	751.31	静电复印装置，通过直接将原始图像复制到复印件上（直接处理）
		751.32	静电复印装置，通过将原始图像通过中间复制到复印件上进行操作（间接处理）
		751.33	结合光学系统的非静电复印设备
		751.34	接触式非静电复印装置
		751.35	热复印装置
		759.1	第751.3分组所列复印和热复制装置的零件和附件
		726.55	单张纸，办公类型（纸张尺寸不超过22×36厘米）
		751.13	自动打字机；字处理机
		751.15	其他电动打字机，重量不超过12公斤（不包括箱）
		751.18	非电动打字机，重量不超过12公斤（不包括箱）
		751.21	不用外接电源可进行运算的电子计算器和具有计算功能之袖珍型资料记录、重现及显示之机器
		751.22	其他计算机
		751.23	会计机器（包括簿记机）
		751.24	收银机
		751.28	会计计算机、邮资盖印机、售票机及附有计算装置的类似机器
		752.1	模拟或混合（模拟数字）数据处理机
		752.2	便携式自动数据处理机，重量不超过10公斤，至少由一个中央处理器、一个键盘和一个显示器组成
		752.3	其他自动数据处理机
		752.6	输入或输出装置，不论是否在同一机壳内包括多个存储器
		752.7	存储器

续表

行业名称	ISIC Rev3 编码	SITC 编码	商品分类
办公室、会计和计算机机械制造	3000	752.9	未另列明的数据处理设备
		751.91	复印机
		751.92	地址机和地址板压花机
		751.93	邮件分类或邮件装封或打捆用机器，邮件开口、封口或盖印用机器，以及邮票贴粘或注销用机器
		751.99	未另列明的办公用机器
		759.91	第 751.1 分组所列机器的零件及附件
		759.95	第 751.2 分组所列电子计算机的零件及附件
		759.97	第 752 组所列机器的零件及附件
		759.93	第 751.9 分组所列机器的零件及附件
		759.9	专门用于或主要用于第 751.1、751.2、751.9 分组及第 752 组所列机器的零件及附件（盖套、提箱及类似物品除外）
无线电、电视和通信设备与装置制造	32	764.11	电话机
		764.19	其他电话或电报设备
		764.13	电传打字机
		764.15	电话或电报交换设备
		764.17	载波电流线系统的其他装置
		764.91	第 764.1 分组所列装置和设备的零件和附件
		764.21	麦克风及其支架
		764.22	安装在外壳内的扬声器
		764.23	未安装在外壳内的扬声器
		764.24	头戴受话器、耳机和组合式成套话筒/扬声器
		764.25	音频放大器
		764.26	成套声音放大器
		764.92	第 764.2 分组所列装置和设备的零件和附件
		763.31	发射装置
		763.33	其他发射装置
		763.35	转盘（唱片机）
		763.82	转录机
		763.83	其他声音重放装置
		763.84	录音装置，不论是否装有声音重放装置
		763.81	视频记录或重放设备，不论是否装有视频调谐器

续表

行业名称	ISIC Rev3 编码	SITC 编码	商品分类
无线电、电视和通信设备与装置制造	32	764.99	第763组所列装置的附件和零件
		764.31	发射装置
		764.32	包括接收装置的发射装置
		764.82	电视摄像机
		762.21	装有录音或重放装置者
		762.22	未装有录音或重放装置者
		762.11	装有录音或重放装置者
		762.12	未装有录音或重放装置者
		762.81	装有录音或重放装置者
		762.82	未装有录音或重放装置但装有时钟者
		762.89	未另列明的其他收音机
		764.81	接收装置无线电话或无线电报，未列名
		761.1	电话机，包括用于蜂窝网络或其他无线网络的电话；其他发射或接收声音、图像或其他数据的装置，包括用于在有线或无线网络内进行通信的装置（如局域网或广域网），第726、751、761、762和764组所
		761.2	话筒及其支架；扬声器，不论是否安装在外壳内；头戴受话器，耳机和组合式成套话筒/扬声器；音频放大器；成套声音放大器
		764.93	第761和762组及第764.3和764.8分组所列装置和设备的零件和附件
		778.61	为在50/60赫兹线路使用而设计且其无功功率处理能力不小于0.5千乏的固定电容器（电力电容器）
		778.62	钽固定电容器
		778.63	铝电解固定电容器
		778.64	单层陶瓷介质固定电容器
		778.65	多层陶瓷介质固定电容器
		778.66	纸或塑料介质固定电容器
		778.67	其他固定电容器
		778.68	可变或可调（预调）电容器
		778.69	电力电容器的零件
		772.31	固定碳电阻器，组合式或薄膜式

续表

行业名称	ISIC Rev3 编码	SITC 编码	商品分类
无线电、电视和通信设备与装置制造	32	772.32	其他固定电阻器
		772.33	线绕可变电阻器（包括变阻器和电位器）
		772.35	其他可变电阻器（包括变阻器和电位器）
		772.38	第 772.3 分组所列电阻器的零件
		772.2	印刷电路
		776.11	彩色的电视阴极射线显像管
		776.12	黑白的或其他单色的电视阴极射线显像管
		776.21	电视摄像管；变像管和图像增强器；其他光电阴极管
		776.23	其他阴极射线管
		776.25	微波管（不包括栅控管）
		776.27	其他管
		776.29	第 776.1 和 776.2 分组所列管子的零件
		776.31	二极管，光敏或发光二极管除外
		776.32	耗散率少于 1 瓦的晶体管（不包括光敏晶体管）
		776.33	耗散率为 1 瓦或以上的晶体管（不包括光敏晶体管）
		776.35	半导体开关元件、触发二极管和触发三极管（不包括光敏器件）
		776.37	光敏半导体器件；发光二极管
		776.39	其他半导体器件
		776.81	安装好的压电晶体
		776.88	第 776.3 分组所列器件及第 776.81 目所列安装好的压电晶体的零件
		776.41	数字单片集成电路
		776.43	非数字单片集成电路
		776.45	混合集成电路
		776.49	其他电子集成电路和微电子组件
		776.89	第 776.4 分组所列物品的零件
医疗器械、精密仪器和光学仪器制造	33	741.83	内科、外科或实验室用消毒器
		764.83	雷达设备、无线电导航设备及无线电遥控设备
		884.19	光纤、光纤束和光纤缆；偏振材料片和板；未另列明的未装配的光学元件
		884.11	隐形镜片

续表

行业名称	ISIC Rev3 编码	SITC 编码	商品分类
医疗器械、精密仪器和光学仪器制造	33	884.15	玻璃眼镜镜片
		884.17	其他材料制眼镜镜片
		884.31	照相机、放映机或照相放大器或缩影器用物镜
		884.32	其他物镜
		884.33	滤光镜
		884.39	未另列明的已装配光学元件
		884.21	眼镜、护目镜及其类似品的框架及配件
		884.22	眼镜、护目镜及其类似品的框架及配件用零件
		884.23	矫正视力、保护眼睛及其他用途的眼镜、护目镜及类似品
		871.11	双筒光学望远镜及其配件
		871.15	其他天文仪器
		871.19	零件和附件（包括配件）
		881.11	照相机（电影摄影机除外）
		881.13	照相闪光装置和闪光灯泡
		881.14	第 881.11 目所列照相机用零件和附件
		881.15	照相闪光装置用零件和附件
		881.21	电影摄影机
		881.22	电影放映机
		881.23	第 821.21 目所列电影摄影机用零件和附件
		881.24	电影放映机用零件和附件
		881.32	未另列明的影像放映机
		881.31	缩微胶卷、缩微胶片或其他缩微胶片阅读器，不论是否能够制造拷贝
		881.33	照相用放大器和缩影器（电影用者除外）
		881.34	第 881.31 至第 881.33 目所列设备用零件和附件
		881.35	未另列明的照相（包括电影）暗室用器具及设备（包括用于把电路图案投影到感光半导体材料上的器具）；底片观察盒；放映用银幕
		881.36	第 881.35 目所列器具和设备用零件和附件
		871.41	立体显微镜
		871.43	其他显微照相、显微电影照相或显微投影用显微镜
		871.45	未另列明的显微镜

续表

行业名称	ISIC Rev3 编码	SITC 编码	商品分类
医疗器械、精密仪器和光学仪器制造	33	871.49	零件和附件
		871.31	显微镜（光学显微镜除外）和衍射仪
		871.39	零件和附件
		871.91	武器装配用望远镜瞄准具；为组成第7部分、第87类、第881或884组或第899.6分组所列机器、器械、仪器或装置之部件而设计的望远镜
		871.92	激光器（激光二极管除外）
		871.93	其他光学装置、器械和仪器
		871.99	第871.9分组所列物品的零件和附件
		874.11	定向罗盘、其他导航仪器和器械
		874.12	导航仪器和器械的零件和附件
		874.13	测量（包括摄影测量）、水道、海洋、水文、气象或地球物理用仪器和器械（不包括罗盘）；测距仪
		874.14	第874.13目所列物品的零件和附件
		874.51	灵敏度为5厘克或以下的天平，不论是否带砝码
		874.22	绘图桌和绘图机，不论是否自动，以及其他绘图、标线和数学计算仪器
		874.23	未另列明的手用长度测量仪器（例如：测量杆和测尺，测微计、测经器）
		874.24	第874.22和第874.23目所列物品的零件和附件
		774.11	心电机
		774.12	其他电诊断装置（包括功能性测试或生理参数检查用装置）
		774.13	紫外线或红外线装置
		872.21	注射器、针头、导管、套管及类似品
		872.11	牙科钻机，不论是否在同一机座上与其他牙科设备结合在一起
		872.19	其他牙科用仪器和器械
		872.25	未另列明的眼科用仪器和器械
		872.29	其他仪器和器械
		872.31	机械治疗设备；按摩设备；心理倾向测验设备
		872.33	臭氧疗、氧疗、喷雾疗、人工呼吸或其他治疗呼吸器械
		872.35	其他呼吸用具和防毒面具（不包括既无机械零件又无可更换滤器的保护用面具）

续表

行业名称	ISIC Rev3 编码	SITC 编码	商品分类
医疗器械、精密仪器和光学仪器制造	33	899.63	矫形用具或接骨用具
		899.65	假牙和牙科用具
		899.66	其他人工假体
		899.61	助听器（不包括零件和附件）
		899.67	刺激心肌用起搏器（不包括零件和附件）
		899.69	未另列明的为补偿身体上的缺陷或伤残而佩戴、携带或植入体内的装置
		774.21	基于利用 X 光的装置，不论是否用于内科、外科、牙科或兽医（包括射线照相或射线疗法装置）
		774.22	基于利用 α、β 或 γ 射线的装置，不论是否用于内科、外科、牙科或兽医（包括射线照相或射线疗法装置）
		774.23	X 光管
		774.29	其他（包括零件和附件）
		874.53	对材料（如：金属、木料、纺织物、纸张塑料）的硬度、强度、耐压度、弹性及其他机械性能进行试验用的机器及器具
		874.54	第 874.53 目所列机器和器具的零件和附件
		874.55	液体比重计和类似漂浮式仪器、温度计、高温计、气压计、湿度计、干湿球湿度计，不论是否为记录式的，以及这些仪器的任何组合件
		874.56	第 874.55 目所列仪器用零件和附件
		874.31	测量或检查液体流量或液位用仪器及器械
		874.35	测量或检查液体或气体的压力用仪器及器械
		874.37	其他仪器及器械
		874.39	零件和附件
		874.41	气体或烟分析器
		874.42	色谱仪和电泳仪
		874.43	利用光学辐射（紫外线、可见的、红外线）的分光仪、分光光度计和摄谱仪
		874.44	曝光表
		874.45	利用光学辐射（紫外线、可见的、红外线）的其他仪器和器械
		874.46	未另列明的物理或化学分析用仪器和器械
		874.49	切片机；第 874.4 分组所列物品的零件和附件

续表

行业名称	ISIC Rev3 编码	SITC 编码	商品分类
医疗器械、精密仪器和光学仪器制造	33	873.11	气量计
		873.13	液量计
		873.15	电表
		873.19	气量计、液量计或电表的零件和附件
		873.21	转数计、生产计数器、出租汽车计价表、里程记录器、步数计及类似表计
		873.25	速度指示器和转速器；闪光仪
		873.29	第 873.2 分组所列物品的零件和附件
		874.71	测量或检验电离辐射用仪器和器械
		874.73	示波器和录波器
		874.75	测量或检查电压、电流、电阻或功率用其他仪器和器具，无记录装置者
		874.77	专门为电讯设计的其他仪器和器械（例如：串音表、放大测量仪器、失真系数测试器、噪音计）
		874.78	测量或检验电量用其他仪器和器械
		874.79	第 874.7 分组所列仪器和器械的零件和附件
		874.25	未另列明的测量或检验用仪器、器械及机器；轮廓投影仪
		874.26	第 874.25 目所列物品的零件及附件
		874.61	恒温器
		874.63	调压器和压力控制器（稳压器）
		874.65	其他调节或控制仪器和器械
		874.69	其他自动调节或控制仪器和器械的零件和附件
		874.9	未另列明的机器、器械、仪器和装置用零件和附件
		872.4	内科、牙科、外科或兽医用的家具（例如：手术台、检查台、有机械装置的医院用床、牙科用椅）；理发椅和有旋转、倾斜和升降机械装置的类似用椅；上述物品的零件
飞机和航天器制造	3530	713.11	飞机用火花点火往复式或旋转式活塞内燃机
		713.19	第 713.11 目所列飞机发动机的未另列明的零件
		714.41	涡轮喷气发动机
		714.81	涡轮螺桨发动机
		714.91	涡轮喷气发动机或涡轮螺桨发动机的零件
		714.49	涡轮喷气发动机以外者

续表

飞机和航天器制造	3530	792.81	滑翔机和悬挂式滑翔机
		792.82	汽球、飞艇和他非机动飞机
		792.11	自重不超过2吨的直升飞机
		792.15	自重超过2吨的直升飞机
		792.2	机械推动的飞机和其他航空器（直升飞机除外），自重不超过2吨
		792.3	机械推动的飞机和其他航空器（直升飞机除外），自重超过2吨，但不超过15吨者
		792.4	机械推动的飞机和其他航空器（直升飞机除外），自重超过15吨者
		792.5	航天飞机（包括卫星）和航天飞机发射装置
		792.91	推进器和转子及其零件
		792.93	起落架及其零件
		792.95	飞机或直升飞机的其他零件
		792.97	第792组所列工具的其他零件
		792.83	航空器弹射器；甲板停机装置或类似装置；地面用飞行训练器；上述物品的零件

参考文献

[1] 白洁. 长江经济带建设背景下湖北打造世界级产业集群的对策研究 [J]. 湖北社会科学, 2017 (7): 64-71.

[2] 包海波. 我国战略性新兴产业的培育机制与对策研究 [J]. 毛泽东邓小平理论研究, 2012 (8): 44-50.

[3] 毕勋磊. 我国企业创新绩效分析——基于创新能力和创新动机关系的视角 [J]. 科技进步与对策, 2011, 28 (20): 94-98.

[4] 蔡翼飞, 魏后凯, 吴利学. 我国城市高端制造业综合成本测算及敏感度分析 [J]. 中国工业经济, 2010 (1): 34-43.

[5] 陈菲琼, 王丹霞. 全球价值链的动态性与企业升级 [J]. 科研管理, 2007, 28 (5): 52-59.

[6] 陈立敏, 周材荣. 全球价值链的高嵌入能否带来国际分工的高地位——基于贸易增加值视角的跨国面板数据分析 [J]. 国际经贸探索, 2016 (10): 26-43.

[7] 陈伟, 周文, 郎益夫. 集聚结构、中介性与集群创新网络抗风险能力研究——以东北新能源汽车产业集群为例 [J]. 管理评论, 2015, 27 (10): 204-217.

[8] 陈伟, 张永超, 田世海. 区域装备制造业产学研合作创新网络的实证研究——基于网络结构和网络聚类的视角 [J]. 中国软科学, 2012, 30 (2): 600-607.

[9] 陈银飞. 2000—2009 年世界贸易格局的社会网络分析 [J]. 国际贸易问题, 2011 (11): 31-41.

[10] 崔日明, 张志明. 服务贸易与中国服务业技术效率提升——基

于行业面板数据的实证研究［J］. 国际贸易问题，2013（10）：90－101.

［11］（美）丹尼尔·贝尔. 后工业社会的来临：对社会预测的一项探索［M］. 商务印书馆，1984：12－24.

［12］丁永建. 面向全球产业价值链的中国制造业升级［M］. 科学出版社，2010：23－34.

［13］杜运苏，彭冬冬. 制造业服务化与全球增加值贸易网络地位提升——基于2000—2014年世界投入产出表［J］. 财贸经济，2018（2）：103－117.

［14］段文奇，刘宝全，季建华. 国际贸易网络拓扑结构的演化［J］. 系统工程理论与实践，2008（10）：71－81.

［15］樊文静，肖文. 企业异质性、所有制结构与生产性服务需求——基于我国工业企业微观数据的实证研究［J］. 经济问题探索，2016（1）：174－179.

［16］冯文娜. 网络能力、网络结构对企业成长的影响——以济南中小软件企业为例［J］. 中央财经大学学报，2010（8）：59－63.

［17］郭立伟. 新能源产业集群发展机理与模式研究［D］. 浙江大学，2014.

［18］韩增林，杨文毅，郭建科，等. 环渤海地区临港石化产业集聚水平测度［J］. 地理科学. 2017（37）：1136－1143.

［19］何欢浪，陈琳. 技术进步、劳动生产率和发展中国家的外包模式——一个企业中间品生产组织模式的分析［J］. 世界经济文汇，2014（1）：15－34.

［20］贺灿飞，谢秀珍. 中国制造业地理集中与省区专业化［J］. 地理学报，2006，61（2）：212－222.

［21］贺平. 贸易政治学研究［M］. 上海人民出版社，2013：56－65.

［22］洪银兴. WTO条件下贸易结构调整和产业升级［J］. 管理世界，2001（2）：21－26.

［23］胡大立. 我国产业集群全球价值链"低端锁定"战略风险及转型升级路径研究［J］. 科技进步与对策，2016（3）：66－71.

［24］胡恩华，刘洪. 基于协同创新的集群创新企业与群外环境关系研究［J］. 科学管理研究，2007，25（3）：23－26.

［25］黄建康. 产业集群论［M］. 东南大学出版社，2005：24－53.

［26］黄建康. 跨国公司价值链战略的新趋势与我国企业对策［J］. 生产力研究，2005（1）：169－171.

［27］黄先海，余骁. 以"一带一路"建设重塑全球价值链［J］. 经济学家，2017（3）：32－39.

［28］霍春辉，张兴瑞. 全球价值链分工双面效应下的中国制造产业升级［J］. 经济问题，2016（3）：67－71.

［29］简泽，谭利萍，吕大国，符通. 市场竞争性、破坏性与技术升级［J］. 中国工业经济，2017（5）：16－34.

［30］金煜，陈钊，陆铭. 中国的地区工业集聚：经济地理、新经济地理与经济政策［J］. 经济研究，2006（4）：79－89.

［31］鞠建东，余心玎. 全球价值链上的中国角色——基于中国行业上游度和海关数据的研究［J］. 南开经济研究，2014（3）：39－52.

［32］赖红波. 转型升级与高端突破：产业集群跨网络学习研究［M］. 华东理工大学出版社，2014：46－53.

［33］黎继子，刘春玲，蔡根女. 全球价值链与中国地方产业集群的供应链式整合——以苏浙粤纺织服装产业集群为例［J］. 中国工业经济，2005（2）：118－125.

［34］李波，杨先明. 贸易便利化与企业生产率：基于产业集聚的视角［J］. 世界经济，2018（3）：54－79.

［35］李勃，邢华，李廉水. 跨国公司中心——外围结构的形成与效应研究［J］. 科研管理，2007，28（2）：167－172.

［36］李翀，曲艺. 美日德产融结合模式比较分析及对中国的启示［J］. 南京社会科学，2012（5）：1－8.

[37] 李江帆, 曾国军. 中国第三产业内部结构升级趋势分析 [J]. 中国工业经济, 2003 (3): 34-39.

[38] 李静, 楠玉. 垂直专业化"挤出效应"与技术进步迟滞 [J]. 国际贸易问题, 2016 (11): 54-64.

[39] 李廉水, 程中华, 刘军. 中国制造业"新型化"及其评价研究 [J]. 中国工业经济, 2015 (2): 63-75.

[40] 李廉水, 周勇. 中国制造业"新型化"状况的实证分析——基于我国30个地区制造业评价研究 [J]. 管理世界, 2005 (6): 76-81.

[41] 李瑞琴, 孙浦阳. 地理集聚与企业的自选择效应——基于上、下游关联集聚和专业化集聚的比较研究 [J]. 财贸经济, 2018 (4): 114-129.

[42] 李学迁, 朱道立, 李进, 等. 全球生产网络视角下产业集群的网络演化 [J]. 科技进步与对策, 2010, 27 (13): 54-56.

[43] 李媛. 中国战略性新兴产业的成长机制与实证研究 [D]. 南开大学, 2013.

[44] 李媛, 金殿臣. 中美制造业国际竞争力比较——基于GVC参与指数及GVC地位指数的分析 [J]. 商业研究, 2017 (2): 79-87.

[45] 梁磊, 赖红波, 吴泗宗. 基于Hotelling模型的本土企业转型突破与网络关系升级 [J]. 科技进步与对策, 2014 (18): 114-118.

[46] 梁琦. 产业集聚论 [M]. 商务印书馆, 2004: 23-34.

[47] 林桂军, 何武. 中国装备制造业在全球价值链的地位及升级趋势 [J]. 国际贸易问题, 2015 (4): 3-15.

[48] 刘斌, 王乃嘉. 制造业投入服务化与企业出口的二元边际——基于我国微观企业数据的经验研究 [J]. 中国工业经济, 2016 (9): 59-74.

[49] 刘海洋, 刘玉海, 袁鹏. 集群地区生产率优势的来源识别: 集聚效应抑或选择效应? [J]. 经济学季刊, 2015 (3): 1073-1092.

[50] 刘建. 基于社会网络的国际原油贸易格局演化研究 [J]. 国际

贸易问题，2013（12）：48-57.

［51］刘军．法村社会支持网络的整体结构研究块模型及其应用［J］．社会，2006，26（3）：69-80.

［52］刘琳．中国参与全球价值链的测度与分析——基于附加值贸易的考察［J］．世界经济研究，2014（6）：71-81.

［53］刘筱，王铮，赵晶媛．政府在高技术产业集群中的作用——以深圳为例［J］．科研管理，2006，27（4）：36-43.

［54］刘修岩，邵军，薛玉立．集聚与地区经济增长：基于中国地级城市数据的再检验［J］．南开经济研究，2012，（3）：52-64.

［55］刘志彪．探索经济全球化条件下产业演化的新趋势和新问题——《全球化视角下的需求约束与我国产业发展研究》书评［J］．世界经济与政治论坛，2018（2）：168-172.

［56］刘志彪．攀升全球价值链与培育世界级先进制造业集群——学习十九大报告关于加快建设制造强国的体会［J］．南京社会科学，2018（1）：13-19.

［57］刘志彪，张杰．全球代工体系下发展中国家俘获型网络的形成：突破与对策——基于GVC和NVC比较的视角［J］．中国工业经济，2007（5）：39-47.

［58］刘志彪，张少军．总部经济、产业升级和区域协调——基于全球价值链的分析［J］．南京大学学报（哲学人文科学·社会科学），2009，46（6）：54-62.

［59］卢福财，胡平波．全球价值网络下中国企业低端锁定的博弈分析［J］．中国工业经济，2008（10）：23-32.

［60］鲁晓东．技术升级与我国出口竞争力变迁：从微观向宏观的弥合［J］．世界经济，2014（8）：70-96.

［61］罗仕龙，龚凯，邢欣，等．基于社会网络分析法的国际贸易网络结构及演化研究［J］．中国管理科学，2016（12）：698-703.

［62］罗勇，曹丽莉．全球价值链视角下我国产业集群升级的思

路［J］. 国际贸易问题, 2008（11）: 92-98.

［63］吕国庆, 曾刚, 顾娜娜. 基于地理邻近与社会邻近的创新网络动态演化分析——以我国装备制造业为例［J］. 中国软科学, 2014（5）: 97-106.

［64］吕越, 黄艳希, 陈勇兵. 全球价值链嵌入的生产率效应: 影响与机制分析［J］. 世界经济, 2017（7）: 28-51.

［65］马述忠, 任婉婉, 吴国杰. 一国农产品贸易网络特征及其对全球价值链分工的影响——基于社会网络分析视角［J］. 管理世界, 2016（3）: 60-72.

［66］马远, 徐俐俐. "一带一路"沿线国家天然气贸易网络结构及影响因素［J］. 世界经济研究, 2017（3）: 109-121.

［67］蒙丹, 姚书杰. 全球生产网络下后发企业构建式成长机制研究［J］. 湖北社会科学, 2016（4）: 92-98.

［68］孟韬. 网络视角下产业集群组织研究［M］. 中国社会科学出版社, 2009: 152-158.

［69］牟绍波, 任家华. 高新技术产业集群自主创新动力机制研究——基于集群创新文化视角［J］. 科技管理研究, 2009（12）: 325-326.

［70］彭支伟. 东亚生产与贸易一体化［D］. 南开大学, 2009.

［71］钱学锋, 王胜, 黄云湖, 等. 进口种类与我国制造业全要素生产率［J］. 世界经济, 2011（5）: 3-25.

［72］乔玉婷, 曾立. 战略性新兴产业的军民融合式发展模式研究［J］. 预测, 2011, 30（5）: 1-5.

［73］邱斌, 叶龙凤, 孙少勤. 参与全球生产网络对我国制造业价值链提升影响的实证研究——基于出口复杂度的分析［J］. 中国工业经济, 2012（1）: 57-67.

［74］邱灵, 方创琳. 北京市生产性服务业空间集聚综合测度［J］. 地理研究, 2013（1）: 99-110.

［75］阮建青, 石琦, 张晓波. 产业集群动态演化规律与地方政府政

策［J］.管理世界,2014（12）：79-91.

［76］沈群红,胡汉辉,封凯栋.从产业集聚到产业集群的演进及政府在产业集群发展中的作用［J］.东南大学学报（哲学社会科学版）,2011（5）：31-46.

［77］盛斌,陈帅.全球价值链如何改变了贸易政策：对产业升级的影响和启示［J］.国际经济评论,2015（1）：85-97.

［78］盛斌,毛其淋.贸易自由化、企业成长和规模分布［J］.世界经济,2015（2）：3-30.

［79］宋歌.战略性新兴产业集群式发展研究［D］.武汉大学,2013.

［80］宋周莺,刘卫东,刘毅.产业集群研究进展探讨［J］.经济地理,2007,27（2）：285-290.

［81］孙丽文,李国卿.区域创新能力与区域经济发展［J］.经济研究参考,2005（52）：31-34.

［82］孙启俊.跨国公司全球生产网络的形态研究——基于产业层面的分析［D］.南开大学,2009.

［83］唐德才,李廉水,杜凯.基于资源约束的中国制造业ASD评价［J］.管理工程学报,2007,21（4）：125-131.

［84］陶锋,杨文婷,孙大卫.地方产业集群、全球生产网络与企业生产率——基于双重网络嵌入视角［J］.国际经贸探索,2018（5）：19-33.

［85］（日）藤田昌久,（美）保罗·克鲁格曼,（英）安东尼.空间经济学：城市、区域与国际贸易［M］.梁琦译.中国人民大学出版社,2011：46-67.

［86］涂文明.我国战略性新兴产业区域集聚的发展路径与实践模式［J］.现代经济探索,2012（9）：54-59.

［87］汪晓文,马晓锦,倪鲲鹏."丝绸之路经济带"沿线国家贸易与能源效率关系研究——基于DEA模型与贸易引力模型的实证研究［J］.兰州大学学报（社会科学版）,2015,43（4）：7-15.

［88］王厚双,李艳秀,朱奕绮.我国服务业在全球价值链分工中的

地位研究 [J]. 世界经济研究. 2015 (8): 11-18.

[89] 王开, 靳玉英. 全球 FTA 网络形成机制研究 [J]. 财贸经济, 2013 (09): 103-111.

[90] 王岚. 融入全球价值链对中国制造业国际分工地位的影响 [J]. 统计研究, 2014 (5): 18-23.

[91] 王岚, 李宏艳. 中国制造业融入全球价值链路径研究——嵌入位置和增值能力的视角 [J]. 中国工业经济, 2015 (2): 76-88.

[92] 王利政. 我国高技术产业发展的现状与建议 [J]. 科学管理研究, 2011 (5): 70-77.

[93] 王敏. 谁分走了中国的制造业出口蛋糕?——基于全球价值链的视角 [J]. 经济经纬, 2017 (6): 69-74.

[94] 王新新. 新时期我国核电产业可持续发展对策分析研究 [J]. 中国科技论坛, 2011 (7): 38-44.

[95] 王益民, 宋琰纹. 全球生产网络效应、集群封闭性及其"升级悖论"——基于大陆台商笔记本电脑产业集群的分析 [J]. 中国工业经济, 2007 (4): 46-53.

[96] 王玉燕, 林汉川, 吕臣. 全球价值链嵌入的技术进步效应——来自中国工业面板数据的经验研究 [J]. 中国工业经济, 2014 (9): 65-77.

[97] 王战营. 交易费用、网络协同与产业结构优化——兼论政府干预产业集群发展的经济效应 [J]. 财贸研究, 2012 (10): 69-71.

[98] 魏江, 徐蕾. 集群企业知识网络双重嵌入演进路径研究——以正泰集团为例 [J]. 经济地理, 2011 (02): 247-253.

[99] 温丽琴, 卢进勇. 中国跨国公司构建自主国际生产经营网络研究 [J]. 亚太经济, 2012 (6): 69-74.

[100] 邬爱其. 企业网络化成长——国外企业成长研究新领域 [J]. 外国经济与管理, 2005 (10): 10-18.

[101] 吴结兵, 郭斌. 企业适应性行为、网络化与产业集群的共同演化 [J]. 管理世界, 2010 (2): 141-188.

［102］吴思华．产业网路与产业经理机制之探讨［C］．第一届产业管理研讨会论文集，1992：33－42．

［103］吴义爽，蔡宁．我国集群跨越式升级的"跳板"战略研究［J］．中国工业经济，2010（10）：55－64．

［104］肖建清，刘德学，高南南．全球生产网络下中国外向型产业集群技术升级对策研究［J］．经济论坛，2009（2）：37－39．

［105］熊勇清，胡娟．新兴产业国际贸易条件变动趋势及影响因素研究——基于高端和传统装备制造业的比较［J］．南京审计学院学报，2017（3）：11－21．

［106］熊珍琴，辛娜．中国制造业突破全球价值链低端锁定的战略选择［J］．福建论坛，2015（2）：34－38．

［107］徐康宁，陈健．跨国公司价值链的区位选择及其决定因素［J］．经济研究，2008（3）：138－149．

［108］许和连，孙天阳．TPP背景下世界高端制造业贸易格局演化研究——基于复杂网络的社团分析［J］．国际贸易问题，2015（08）：3－13．

［109］许和连，孙天阳，成丽红．"一带一路"高端制造业贸易格局及影响因素研究［J］．财贸经济，2015（12）：74－87．

［110］许和连，孙天阳，吴钢．基于复杂网络的世界高端制造业贸易格局分析［J］．世界经济与政治论坛，2014（03）：20－41．

［111］许露元．产业集群之间跨国合作网络研究——以广西与越南装备制造业集群为例［D］．广西大学，2017．

［112］严北战．基于多层空间整合的产业集群升级路径研究［J］．科研管理，2012，33（9）：146－153．

［113］闫华飞，胡蓓．根植性悖论：产业集群生命周期诠释［J］．科技进步与对策，2013，30（16）：48－52．

［114］杨丹萍．产业集聚与出口贸易互动关系之研究——基于浙江省纺织产业的实证分析［J］．国际贸易问题，2009（6）：77－82．

［115］杨皎平，金彦龙，戴万亮．网络嵌入、学习空间与集群创新绩

效：基于知识管理的视角［J］. 科学学与科学技术管理，2012，33（6）：51-59.

［116］杨立强. 全球制造网络动态演进中的中国制造业［M］. 对外经济贸易大学出版社，2011：12-34.

［117］杨连星，罗玉辉. 中国对外直接投资与全球价值链升级［J］. 数量经济技术经济研究. 2017（6）：54-69.

［118］余淼杰. 我国的贸易自由化与制造业企业生产率［J］. 经济研究，2010（12）：97-110.

［119］喻卫斌，崔海潮. 产业集群形成与演化机理研究［J］. 西北大学学报（哲学社会科学版），2005（5）：113-116.

［120］袁富华，张平，刘霞辉，等. 增长跨越：经济结构服务化、知识过程和效率模式重塑［J］. 经济研究，2016（10）：12-26.

［121］袁红林. 全球价值网络模式下我国海外子公司治理［J］. 经济管理，2012（3）：68-75.

［122］袁其刚，刘斌，朱学昌. 经济功能区的"生产率效应"研究［J］. 世界经济，2015（5）：81-104.

［123］张杰，刘东. 我国地方产业集群的升级路径：基于组织分工架构的一个初步分析［J］. 中国工业经济，2006（5）：48-55.

［124］张梅. 全球生产网络与集群产业升级研究——以广州电子信息产业集群为例［J］. 改革与战略，2012（8）：111-114.

［125］张明志，李敏. 国际垂直专业化分工下的中国制造业产业升级及实证分析［J］. 国际贸易问题，2011（1）：118-128.

［126］张秋菊，刘宏. 跨国外包的承接影响技术进步的区域性差异——基于吸收能力的实证分析［J］. 财贸研究，2010，21（4）：41-46.

［127］张少军，刘志彪. 全球价值链模式的产业转移——动力、影响与对中国产业升级和区域协调发展的启示［J］. 中国工业经济，2009（11）：5-15.

［128］张同升，梁进社，宋金平. 中国制造业省区间分布的集中与分

散研究［J］. 经济地理, 2005, 25（3）: 315 – 319.

［129］张向晨, 徐清军. 国内外贸易增加值问题研究的进展［J］. 国际经济评论, 2013（4）: 128 – 138.

［130］张亚斌, 范子杰. 国际贸易格局分化与国际贸易秩序演变［J］. 世界经济与政治, 2015（3）: 30 – 46.

［131］张艳, 刘亮. 经济集聚与经济增长: 基于中国城市数据的实证分析［J］. 世界经济文汇, 2007（1）: 48 – 56.

［132］张玉明, 李凯, 聂艳华. 技术溢出、企业集聚与区域经济增长［J］. 东北大学学报（社会科学版）, 2008, 10（1）: 26 – 31.

［133］张云伟. 跨界产业集群之间合作网络研究［D］. 华东师范大学, 2013.

［134］张振刚, 景诗龙. 我国产业集群共性技术升级平台模式比较研究——基于政府作用的视角［J］. 科技进步与对策, 2008, 25（7）: 79 – 82.

［135］张志明, 代鹏. 中国分行业总出口的分解——兼论中国在全球价值链与全球生产网络中的地位［J］. 国际经贸探索, 2016（8）: 4 – 14.

［136］赵国钦, 万方. 世界贸易网络演化及其解释——基于网络分析方法［J］. 宏观经济研究, 2016（4）: 151 – 159.

［137］赵骅. 企业集群价值网络的形成与集聚化研究［D］. 重庆大学, 2008.

［138］郑准, 王国顺. 全球生产网络、俘获效应与集群企业转型升级——整合性分析框架与政策建议［J］. 国际经贸探索, 2012（2）: 45 – 53.

［139］周新苗, 李燕. 贸易自由化与产业集聚: 经济地理视角的理论解析［J］. 经济经纬, 2013（5）: 72 – 77.

［140］朱海燕, 魏江. 集群网络结构演化分析——基于知识密集型服务机构嵌入的视角［J］. 中国工业经济, 2009（10）: 58 – 66.

［141］朱华晟. 浙江产业群: 产业网络成长轨迹与发展动力［M］.

浙江大学出版社，2003：14-78.

［142］朱华友，陈俊. 产业集群风险研究：基于浙江省两个产业集群的实证［J］. 科技进步与对策，2007，24（8）：67-70.

［143］朱建安，周虹. 发展中国家产业集群升级研究综述：一个全球价值链的视角［J］. 科研管理，2008，29（1）：115-121.

［144］朱俏俏. 资源型产业集群与制造业产业集群转型升级演化路径的异同研究［D］. 新疆大学，2016.

［145］朱英明，杨连盛，吕慧君. 资源短缺、环境损害及其产业集聚效果研究——基于21世纪我国省级工业集聚的实证分析［J］. 管理世界. 2012（11）：28-44.

［146］Amador J, Cabral S. Networks of Value Added Trade［J］. Social Science Electronic Publishing，2017（40）：1291-1313.

［147］Amighini A, Rabellotti R, Sanfilippo M. China's Outward FDI：An Industry-Level Analysis of Host Country Determinants［J］. 中国经济学前沿：英文版，2011，8（3）：309-336.

［148］Antras P, De Gortari A. On the Geography of Global Value Chains［J］. Social Science Electronic Publishing，2017（5）：36-43.

［149］Baldone S, Sdogati F, Tajoli L. Fragmentation of Production on Comparative Advantages, Trade Flows and the Income of Countries［J］. World Economy，2007，30（11）：1726-1769.

［150］Barabási A L, Albert R. Emergence of Scaling in Random Networks［J］. Science，1999（286）：509-512.

［151］Barter P A. Multiple Dimensions in Negotiating the Cross-Border Transport Links that Connect and Divide Singapore and Johor, Malaysia［J］. Asia Pacific View Point，2006，47（2）：287-303.

［152］Barigozzi M, Fagiolo G, Garlaschelli D. Multinetwork of International Trade：A Commodity-Secific Analysis.［J］. Physical Review E. 2010, 81（4 Pt 2）：046104.

[153] Bathelt H, Malmberg A, Maskell P. Clusters and Knowledge: Local Buzz, Global Pipelines and the Process of Knowledge Creation [J]. Progress in Human Geography, 2002, 28 (1): 31-56.

[154] Bavelas, A. Communication Patterns in Task-Oriented Groups [J]. The Journal of the Acoustical Society of America, 1950, 22 (6): 725-730.

[155] Berg J, Taylor L. External Liberalization, Economic Performance, and Social Policy [M]. Oxford University Press, 2001.

[156] Berger A N. The Economic Effects of Technological Progress: Evidence from the Banking Industry [J]. Journal of Money Credit & Banking, 2003, 35 (2): 141-176.

[157] Binh K B, Park S Y, Shin B S. Financial Structure and Industrial Growth: A Direct Evidence from OECD Countries [EB/OL]. http://www.fma.org/Siena/Papers/560496.pdf. 2005.

[158] Boudeville J B. Problems of Regional Economic Planning [M]. Edinburgh University Press, 1966: 23-35.

[159] Burt R S. Structural Holes: The Social Structure of Competition [M]. Harvard University Press, 1992.

[160] Cabanelas P, Omil J C, Vázquez X H. A Methodology for the Construction of Dynamic Capabilities in Industrial Networks: The Role of Border Agents [J]. Industrial Marketing Management, 2013, 42 (6): 992-1003.

[161] Cairncross F C F, Doluschitz R, Browonder B M T. The Death of Distance: How the Communications Revolution Will Change Our Lives [J]. International Marketing Review, 1997, 15 (11): 309-311.

[162] Cantwell J, Tolentino P E. Technological Accumulation and Third World Multinationals [R]. Berkshire: International Investment and Business Studies, 1990: 11-18.

[163] Chang M H, Harrrington J E Jr. Discovery and Diffusion of Knowledge in An Endogenous Social Network [J]. American Journal of Sociology,

2005, 110 (4): 937 – 976.

[164] Chen Y. A Study on Internal Risk Identification and Quantitative Measurement of Industrial Cluster Based on Fuzzy AHP Model [J]. Science & Technology Management Research, 2011.

[165] Cooke P N, Heidenreich M, Braczyk H J. Regional Innovation System: The Role of Government in a Globalized World [C]. Regional Studies. London UCI Press, 1998.

[166] Dicken P, Henderson J. Making the Connections: Global Production Networks in Britain, East Asia and Eastern Europe [R]. A research proposal to the Economic and Social Research Council, 1999.

[167] Disdier A C, Head K. The Puzzling Persistence of the Distance Effect on Bilateral Trade [J]. Review of Economics & Statistics, 2008, 90 (1): 37 – 48.

[168] Ellegaard C. Interpersonal Attraction in Buyer-Supplier Relationships: A Cyclical Model Rooted in Social Psychology [J]. Industrial Marketing Management, 2012, 41 (8): 1219 – 1227.

[169] Ellison G, Glaeser E L. Geographic Concentration in U. S. Manufacturing Industries: A Dartboard Approach [J]. Journal of Political Economy, 1997 (105): 889 – 927.

[170] Ellison G, Glaeser E L, Kerr W R. What Causes Industry Agglomeration? Evidence from Coagglomeration Patterns [J]. American Economic Review, 2010 (100): 1195 – 1213.

[171] Ernst D. Globalization and the Changing Geography of Innovation Systems. A Policy Perspective on Global Production Networks [R]. Paper presented at the Workshop on the Political Economy of Technology in Developing Countries, Brighton, 1999.

[172] Ernst D, Kim L. Global Production Networks, Knowledge Diffusion, and Local Capability Formation [J]. Research Policy, 2002 (31): 81 – 90.

[173] Eswaran M, Kotwal A. The Role of the Service Sector in the Process of Industrialization [J]. Journal of Development Economics, 2002, 68 (2): 401 – 420.

[174] Fagiolo G, Reyes J, Schiavo S. On the Topological Properties of the World Trade Web: A Weighted Network Analysis [J]. Physics A Statistical Mechanics & Its Applications, 2008 (387): 3868 – 3873.

[175] Fazio R H, Powell M C, Herr P M. Toward a Process Model of the Attitude-Behavior Relation: Accessing One's Attitude Upon Mere Observation of the Attitude-Object [J]. Journal of Personality & Social Psychology, 1983, 44 (4): 723 – 735.

[176] Felbermayr G J, Toubal F. Cultural Proximity and Trade [J]. European Economic Review, 2010, 54 (2): 279 – 293.

[177] Feldman M P. The New Economics of Innovation, Spillovers And Agglomeration: A Review of Empirical Studies [J]. Economics of Innovation & New Technology, 1999, 8 (1): 5 – 25.

[178] Foti N J, Pauls S, Rockmore D N. Stability of the World Trade Web over Time—An Extinction Analysis [J]. Journal of Economic Dynamics & Control, 2013 (18): 1889 – 1910.

[179] Fowler C S, Kleit R G. The Effects of Industrial Clusters on the Poverty Rate [J]. Economic Geograghy, 2013, 90 (2): 129 – 154.

[180] Freeman L C. A Set of Measures of Centrality Based on Betweenness [J]. Sociometry, 1979, 40 (1): 35 – 41.

[181] Fujita M, Hu D. Regional Disparity in China 1985 – 1994: The Effects of Globalization and Economic Liberalization [J]. The Annals of Regional Science, 2001, 35 (1): 3 – 37.

[182] Gereffi G. International Trade and Industrial Upgrading in the Apparel Commodity Chain [J]. Journal of International Economies, 1994, 48 (1): 37 – 70.

[183] Gereffi G, Lee J. Why the World Suddenly Cares about Global Supply Chains [J]. Journal of Supply Chain Management, 2012, 48 (3): 24 – 32.

[184] Granovetter M S. Economic Action and Social Structure: The Problem of Embeddedness [J]. American Journal of Sociology, 1985, 91 (3): 481 – 510.

[185] Granovetter M S. The Strength of Weak Ties [J]. American Journal of Sociology, 1973, 78 (6): 1360 – 1380.

[186] Greenfield H I. Manpower and the Growth of Producer Services [J]. Economic Development, 1966: 163.

[187] Grossman G M, Helpman E. Innovation and Growth in the Global Economy [M]. MIT Press, 1991.

[188] Grossman G M, Maggi G. Diversity and Trade [J]. CEPR Discussion Papers, 2000, 90 (5): 1255 – 1275.

[189] Guerrieri P, Pietrobelli C. Industrial Districts' Evolution and Technological Regimes: Italy and Taiwan [J]. Technovation, 2004, 24 (11): 899 – 914.

[190] Hamaguchi N. Cluster-Based Industrial Development: An East Asian Model-by Tetsushi Sonobe and Keijiro Otsuka [J]. The Developing Economics, 2007, 45 (3): 378 – 380.

[191] Harfield C. The Governance of Covert Investigation [J]. Melbourne university law Review, 2010 (34): 773 – 804.

[192] Hildebrandt A, Wörz J. Determinations of Geographical Concentration Patterns in Central and Eastern European Countries [DB/CD]. http: // wwww.at/pdf/sic_ hidebrandt_ wo-erz_ paper.pdf, 2003.

[193] Hirose K, Yamamoto K. Knowledge Spillovers, Location of Industry, and Endogenous Growth [J]. The Annals of Regional Science, 2007, 41 (1): 17 – 30.

[194] Huber F. Do Clusters Really Matter for Innovation Practices in Information Technology? Questioning the Significance of Technological Knowledge

Spillovers [J]. Druid Working Papers, 2010, 12 (1): 107 - 126.

[195] Humphrey J, Schmitz H. Governace and Upgrading: Linking Industrial Cluster and Global Value Chains Research [R]. IDS Working Paper, No. 12, Institute of Development Studies: University of Sussex, 2000: 12 - 26.

[196] Humphrey J, Schmitz H. How does Insertion in Global Value Chains Affect Upgrading in Industrial Clusters? [J]. Regional Studies, 2002, 36 (9): 1017 - 1027.

[197] Kaplinsky R, Morris M. A Handbook for Value Chain Research [M]. Brighton: IDS, 2001: 18 - 32.

[198] Keohane R O, Nye J S. Globalization: What's New? What's Not? (And So What?) [J]. Foreign Policy, 2000, 118 (118): 104 - 119.

[199] Kesidou E, Snijders C. External Knowledge and Innovation Performance in Clusters: Empirical Evidence from the Uruguay Software Cluster [J]. Industry & Innovation, 2012. 19 (5): 437 - 457.

[200] Kim S. Regions, Resources, and Economic Geography, Sources of U. S. Regional Comparative Advantage, 1880 - 1987 [J]. Regional Science and Urban Economics, 1999, 29 (1): 1 - 32.

[201] Koopman, R, Wang Z, Wei S J, Estimating Domestic Content in Exports When Processing Trade Is Pervasive [J]. Journal of Development Economics, 2012, (99) 1: 178 - 189.

[202] Kugman P. Increasing Returns and Economic Geography [J]. Journal of Political Economy, 1991 (99): 483 - 499.

[203] Larsen K. Knowledge Network Hubs and Measures of Research Impact, Science Structure, and Publication Output in Nanostructured Solar Cell Research [J]. Scient Metrics, 2014, 74 (1): 123 - 124.

[204] Lee J, Gereffi G, Beauvais J. Global Value Chains and Agrifood Standards: Challenges and Possibilities for Smallholders in Developing Countries [J]. Proceedings of the National Academy of Sciences of USA, 2012, 109

(7): 12326-12331.

[205] Lefilleur J, Maurel M. Inter-and Intra-Industry Linkages as a Determinant of FDI in Central and Eastern Europe [J]. Economic Systems, 2010, 34 (3): 309-330.

[206] Lindberg E. Power and Plenty: Trade, War and the World Economy in the Second Millennium [J]. Journal of Global History, 2009, 4 (3): 512-514.

[207] Lovdal N, Neumann F. Internationalization as a Strategy to Overcome Industry Barriers—An Assessment of the Marine Energy Industry [J]. Energy Policy, 2011 (39): 1093-1100.

[208] Lund-Thomsen P, Lindgreen A, Vanhamme J. Industrial Clusters and Corporate Social Responsibility in Developing Countries: What We Know, What We do not Know, and What We Need to Know [J]. Journal of Business Ethics, 2016, 133 (1): 1-16.

[209] Majocchi A, Presutti M. Industrial Clusters, Entrepreneurial Culture and the Social Environment: The Effects on FDI Distribution [J]. International Business Review, 2009, 18 (1): 76-88.

[210] Malmberg A, Sölvell Ö, Zander I. Spatial Clustering, Local Accumulation of Knowledge and Firm Competitiveness [J]. Geografiska Annaler: Series B, Human Geography, 1996, 78 (2): 85-97.

[211] Marshall A. Principles o f Economics [M]. New York: Mac Millan, 1920: 65-78.

[212] Martin P, Ottaviano G I P. Growing Locations: Industry Location in a Model of Endogenous Growth [J]. European Economic Review, 1999, 43 (2): 281-302.

[213] Newman M E J, Girvan M. Finding and Evaluating Community Structure in Networks [J]. Physical Review E, 2004, 69 (2): 026113.

[214] Pack H. Productivity and Industrial Development in Sub-Saharan Af-

rica [J]. World Development, 2010, 21 (1): 1-16.

[215] Pié L, Saez M. Relationship between Technological Progress, Capital Elasticity and Emissions of Industrial Pollutants for the Production Sectors in Catalonia [J]. Energy Policy, 2009, 37 (1): 214-218.

[216] Polanyi. K. The Great Transformation: The Political and Economic Origins of our Time. Beacon Press, 1944: 26-38.

[217] Ponds R, Oort F V, Frenken K. Innovation, Spillovers and University-Industry Collaboration: An Extended Knowledge Production Function Approach [J]. Papers in Evolutionary Economic Geography, 2009, 10 (2): 231-255.

[218] Poon T S. Beyond the Global Production Networks: A Case of further Upgrading of Taiwan's Information Technology Industry [J]. Technology and Globalisation, 2004, 24 (3): 232-251.

[219] Porter M E. Location, Competition, and Economic Development: Local Clusters in a Global Economy [J]. Economic development quarterly, 2000, 14 (1): 15-34.

[220] Rauch J E, Trindade V. Ethnic Chinese Networks in International Trade [J]. Review of Economics and Statistics, 2002, 84 (1): 116-130.

[221] Robertson D H. The Future of International Trade [J]. Economic Journal, 1938, 48 (189): 1-14.

[222] Sacchetti S, Sugden R. The Governance of Networks and Economic Power: The Nature and Impact of Subcontracting Networks [J]. Journal of Economic Surveys, 2003, 17 (5): 669-691.

[223] Schilling M A, Phelps C C. Interfirm Collaboration Networks: The Impact of Large-Scale Network Structure on Firm Innovation [J]. Management Science, 2007, 53 (7): 1113-1126.

[224] Serrano M A, Boguna M. Topology of the World Trade Web [J]. Physical Review E, 2003 (68): 634-646.

[225] Sturgeon. T. Modular Production Networks: A New American Model

of Industrial Organization [J]. Industrial & Corporate Change, 2002, 11 (3): 451 – 496.

[226] Tinbergen J. An Analysis of World Trade Flows in Shaping the World Economy. Edited by Jan Tinbergen [M]. New York, NY: Twentieth Century Fund, 1962: 35 – 58.

[227] Underthun A, et al. The Restructuring of the Old Industrial Region of Grenland in Norway: Between Lock-In, Adjustment, and Renewal [J]. Norsk Geografisk Tidsskrift-Norwegian Journal of Geography, 2014, 68 (2): 121 – 132.

[228] United Nations Conference on Trade and Development (UNCTAD). Global Value Chains and Development: Investment and Value Added Trade in the Global Economy: A Preliminary Analysis [R]. 2013: 60 – 62.

[229] Uzzi B. Embeddedness in the Making of Financial Capital: How Social Relations and Networks Benefit Firms Seeking Financing [J]. American Sociological Review, 1999, 64 (4): 481 – 505.

[230] Wang Z, Wei S J. Value Chains in East Asian Production Networks-An International Input-Output Model Based Analysis [R]. U. S. International Trade Commission. Office of Economics Working Paper No. 2009 – 10 – C.

[231] Watts D J, Strogatz S H. Collective Dynamics of "Small-World" Networks [J]. Nature, 1998, 393 (6684): 440 – 442.

[232] Wilhite A. Bilateral Trade and "Small-World" Networks [J]. Computational Economics, 2001 (1) : 49 – 64.

[233] Zhang X, Zhang K H. How Does Globalization Affect Regional Inequality within a Developing Country? Evidence from China [M]. UK: Globalization and the Third World. Palgrave Macmillan, 2006, 39 (4): 47 – 67.

[234] Zukin S. Socio-Spatial Prototypes of A New Organization of Consumption: The Role of Real Cultural Capital [J]. Sociology, 1990, 24 (1): 37 – 56.

后　记

本书写作过程获得众多老师与朋友的指导与帮助。

首先要感谢的是我的老师——袁红林教授，他对本书的写作给予了大量的指导，组织了专家组对内容进行论证。

感谢孙楚仁老师、陈勇兵老师和李志远老师在"国际贸易理论与实证工作坊"培训中给本书提出的宝贵意见。

感谢我的挚友熊珍琴教授，当我写作遇到困难时，她总能在心理上开导我，化困难为动力，不断地鼓励我，给予我信心，让我能够顺利完成写作。

感谢我的朋友谢卓廷和巫雪芬，大量数据处理与分析过程中遇到的问题，需要逐个解决，他们对本书的数据处理与计量分析给予了诸多帮助。

最后，感谢家人永远的理解与支持，专著撰写需要耗费大量的时间，家人的支持是我完成本书写作最有力的保障。感谢父亲鼓励我在任何情况下都要乐观、坚强、积极向上，做一个对社会有用的人，感谢母亲教会我吃苦耐劳、心存感恩。

因为老师、朋友、家人的大力支持，才能顺利完成本书撰写。

辛　娜

2021 年 10 月于广州天河区